DROITS ET DEVOIRS DE L'ÉTAT

SUR LA MER TERRITORIALE

EN TEMPS DE PAIX ET EN TEMPS DE GUERRE

PAR

Henri Merveilleux Duvigneaux

Docteur en Droit

———

MARSEILLE
IMPRIMERIE MARSEILLAISE
Rue Sainte, 39.

1899

DROITS ET DEVOIRS DE L'ÉTAT

UR LA MER TERRITORIALE

EN TEMPS DE PAIX ET EN TEMPS DE GUERRE

PAR

2335

HENRI MERVEILLEUX DUVIGNEAUX

Docteur en Droit

MARSEILLE

IMPRIMERIE MARSEILLAISE

Rue Sainte, 39.

1899

BIBLIOGRAPHIE

ABREN (D').............. *Tractato de las presas maritimas.*
AUBERT .... *La mer territoriale de la Norvège.*
AZUNI....,........ .... *Système général des principes du droit maritime du l'Europe.*

BLUNTSCHLI .... *Droit Inter. Codifié.* — Quæstiones juris publici : de Rebus bellicis.
BONFILS...............,..., *Manuel de Droit Inter. public.*
BRY.................... *Précis de Droit Inter. public.*

CALVO................. *Le Droit Inter. théorique et pratique.*
CAUCHY .... *Le Droit Maritime International.*
CLERCQ (DE)........,.... *Recueil des traités de la France.*
CREASY .... *First platform of international law.*

DESJARDINS (Arthur)... *Droit privé maritime. — Traité de droit maritime commercial.*

FŒLIX .... *Traité de Droit Int. privé.*
FUNCK-BRENTANO ET SOREL. *Précis de Droit des gens.*

GEFFKEN............... *La question des détroits dans la « Revue de Droit Int. » de Bruxelles. — Le Droit International de l'Europe. — La guerre maritime de l'avenir.*
GEOUFFRE DE LAPRADELLE. *Droits de l'Etat sur la mer territoriale. (Extrait de la « Revue géné, rale de Dr. Int. public ».)*
GRASSO................. *De l'interdiction des ports d'un Etat pour raison sanitaire. (Dans la « Revue du Droit public et de la science politique en France et à l'Etranger », t. IV (1896), p. 43).*
GUILLIBERT (Hippolyte). *De l'insaisissabilité dans les rapports internationaux des navires affectés au service postal (Journal de Dr. Int. privé).*

HAUTEFEUILLE .... *Histoire des origines, des progrès et des variations du Droit maritime. — Droits et devoirs des nations neutres. — Droit marit. Intern.*

HÜBNER............... *Saisie des bâtiments neutres.*

IMBART-LATOUR .... *La mer territoriale.*

JARRY................. *Crimes et délits commis dans les eaux étrangères.*

KLUEBER.............. *Droits des gens modernes.*

LAWRENCE .... *Principles of inter. law. 1895.*

MARTENS (DE) .... *Droit des gens modernes. — Traité de Droit Inter. — Le tribunal d'arbitrage de Paris et la mer territoriale (dans la « Revue générale », t. 1 (1894), p. 38).*

NAGAO-ARIGA .... *La guerre sino-japonaise au point de vue du Dr. Int.*

NÜGER................ *Des droits de l'Etat sur la mer territoriale.*

ORTOLAN.............. *Règles inter. et diplomatie de la mer.*

PASQUALE FIORE....... *Nouveau Droit Int. public, traduction de Ch. Antoine.*

PERELS .... *Droit Int. maritime.*

PHILITIS .... *De la neutralité territoriale.*

PHILLIMORE .... *Commentaries upon international law.*

PRADIER-FODÉRÉ .... *Cours de Droit Int. public.*

PUFENDORF........... *Droit de la nature et des gens, traduit par Barbeyrac.*

RENAULT (L.).......... *De la protection des câbles sous-marins. (Rev. de Dr. Maritime de Bruxelles).*

REYNEVAL............. *Inst. du Droit de la nature et des gens.*

SCHÜKING .... *Das Küstenmeer.*

WHEATON............. *Elem. of intern. law.*

DROITS ET DEVOIRS DE L'ÉTAT

SUR LA MER TERRITORIALE

EN TEMPS DE PAIX ET EN TEMPS DE GUERRE

INTRODUCTION

**De la liberté de la mer. — Étendue de la mer terri-
toriale. — Nature juridique des droits de l'État sur
la mer territoriale. — Détroits. — Canaux maritimes.**

La question de savoir si la mer est ou non
susceptible de propriété a longtemps partagé les
auteurs. Un tel sujet, cependant, à n'écouter que
la voix de la nature, semblerait à l'abri de toute
polémique. Rien n'en peut donner une idée plus
nette que cette phrase de *Corinne* : « Si les vaisseaux sillonnent un moment les ondes, la vague
vient aussitôt effacer cette légère marque de ser-
vitude et la mer reparaît telle qu'elle fut au jour
de sa création. »

Mais les causes qui s'opposent à l'existence des
droits de l'Etat sur la mer ne se font point sentir

sur certaines parties rapprochées des terres et qui participent pour ainsi dire de leur condition.

Plusieurs systèmes se trouvent en présence au sujet de la liberté de la mer. Nous les examinerons rapidement.

Les uns prétendent que la mer est libre dans toute son étendue, aussi bien à deux cents lieues des côtes que sur les algues du rivage. Leur raisonnement est simple : Nul ne peut s'arroger un droit de propriété quel qu'il soit sur ce qu'il ne saurait *occuper* véritablement ; or, la mer, au premier chef, est insusceptible d'occupation. Mais ce que l'on admet aisément pour la mer à des centaines de lieues des côtes, de quel droit le nierait-on pour la mer littorale ? N'est-ce donc plus le même élément ? La vague qui roule sur la plage révèlerait-elle à l'analyse des substances différentes de celles contenues dans les eaux du large ?

D'autres soutiennent la théorie diamétralement opposée ; leurs arguments ne valent d'ailleurs pas mieux. Comment ! disent-ils, vous admettez que je puisse posséder un lac, un étang, quelle que soit son étendue, et vous refuseriez à l'Etat, personne morale, le droit de posséder la mer ! Les actes d'occupation, dites-vous, sont différents ; mais quelle loi divine ou humaine est venue déclarer limitativement les objets susceptibles ou non de propriété ?

Nous repoussons ces deux systèmes. Le premier ne vaudrait qu'à la condition de n'être point poussé à l'extrême ; le second se heurte à l'impossible, à l'absurde.

La mer ne peut être possédée en toute propriété parce que la puissance d'un peuple ne peut *effectivement* s'étendre sur elle. M. Troplong, dans son traité « *de la Prescription* », définit fort nettement cette idée : « Quand il s'agit de la mer, l'occupation ne peut être qu'actuelle et il ne lui est pas donné de se revêtir des qualités qui la font passer à l'état de propriété. L'occupation en effet doit laisser des traces. Il faut qu'elle s'exerce sur une matière susceptible d'être façonnée et subjuguée par le travail de l'homme ; de sorte que le travail s'ajoute à la matière, la transforme et grave dans son sein la main de ce nouveau créateur. Tout cela est impossible lorsque l'industrie humaine agit sur la mer. Le navire vogue et fend l'onde, mais l'onde reste toujours la même, elle ne s'assimile pas ; et le vaisseau, après avoir fui,

.ignore pour ainsi dire par où il a passé. On occupe donc la mer, mais on ne la possède pas ; on la parcourt, mais c'est comme l'oiseau qui voltige dans les airs sans que l'art de l'homme, si puissant à modifier tout le reste, puisse parvenir à marquer la place qu'il a eue et la route qu'il a tenue. »

Donc la haute mer doit être entièrement libre et l'Etat ne peut même pas, dans une certaine limite près des rivages, prétendre à un droit de propriété (1).

Il est admis, en effet, que chaque pays baigné par une mer a sur une certaine partie de cette mer un *droit* que nous examinerons. Nous avons adopté, dans le cours de cette étude, le terme de *mer territoriale* (2), bien qu'il semble impliquer

---

(1) De Lapradelle exprime aussi cette idée : « Le droit de l'Etat côtier sur la mer territoriale ne saurait être la souveraineté. » L'Institut de Droit International a le sentiment de cette impossibilité quand il reconnaît simplement à l'Etat côtier sur cette mer un droit de souveraineté (*Annuaire de l'Institut de Droit International*, t. XIII). Bartole (*Bartoli opera*, p. 137) emploie le mot de juridiction et non celui de souveraineté. — Gryphiander (*Tractato de insulis*, p. 162, éd. Francfort, 1623) *Juridictionem habens in continenti habet etiam in vicino mari*. — Heffter Geffken (*Le Droit Intern. de l'Europe*, § 74) précise à merveille la nature du droit de l'Etat sur la mer territoriale : « La police et la surveillance de certains districts maritimes, dans un intérêt de commerce et de navigation, ont été confiés à l'Etat le plus voisin. »

(2) En France, on emploie d'ailleurs couramment le nom de

pour l'Etat riverain une idée de propriété que nous
répudions. D'aucuns trouvent que l'expression est
bien démodée, que *mer littorale* ou *côtière* serait
plus en rapport avec le langage moderne. Nous
croyons que « *mer juridictionnelle* » serait plutôt
le mot juste. Quoi qu'il en soit, la pratique ne l'a
pas encore adopté.

La mer nationale, qui n'est qu'une partie de la
mer territoriale, comprend les rades, ports, baies
mers fermées. Sur elle l'Etat exerce un droit de
propriété absolue, c'est-à-dire qu'il peut en tous
temps en interdire l'accès aux navires des autres
nationalités (1).

Quant à la mer territoriale, elle s'arrête à une
ligne imaginaire située à une certaine distance des
côtes, aujourd'hui déterminée par la portée maxima

---

mer territoriale. Le *Territorial waters act* de 1878 parle aussi
de la mer territoriale. Certains auteurs préfèrent dire : *eaux juridictionnelles.*

(1) Voir Projet de règlement sur le régime légal des navires et
de leurs équipages dans les ports étrangers (31 août 1897). Dispositions préliminaires : « Art. 2. Les dits ports, havres, anses,
rades et baies non seulement sont placés sous un droit de souveraineté des Etats dont ils bordent le territoire, mais encore
font partie du territoire de ces Etats. » (*Annuaire de l'Instit. de
Dr. intern.*, t. XVI, p. 231).

Les réclamations de la Hollande sur le Zuydersée sont généralement admises : c'est bien, en effet, une mer soumise au régime des lacs.

du canon. Au delà de cette limite, la mer est du domaine public de toutes les nations. Cette théorie est plus conforme au bon sens que la plupart de celles qui furent autrefois émises.

Vaslin déclarait que la mer était sous la juridiction de l'Etat jusqu'au point où la sonde ne prenait plus le fond. Bodin et Barthole la disaient susceptible d'appropriation jusqu'à vingt milles des côtes. Gérard de Reyneval aurait voulu qu'on prît pour mesure la vue des côtes, c'est-à-dire l'horizon réel.

On peut à bon droit s'étonner que la question de délimitation de la zone maritime territoriale soit si longtemps restée en suspens. Il semble, en effet, qu'en cette matière la précision soit une qualité essentielle en présence des difficultés considérables que peuvent amener les atteintes à la propriété ou aux droits de l'Etat.

A quelle distance des côtes s'étend en réalité la mer territoriale ? Les frontières maritimes sont, plus encore que les autres, exposées aux attaques imprévues ; or, il est du devoir de l'Etat de veiller à leur sécurité ; mais comment y parviendra-t-il si sa puissance s'arrête où meurt le flot de la mer ? Tout le monde admet aujourd'hui que la puissance de l'Etat s'étend jusqu'à une ligne imaginaire, fictive, tracée

à une certaine distance des côtes. M. Pinheiro-Fer-
reira la qualifie justement de « ligne de respect »
dans laquelle « l'étranger, même dans l'absence de
toute force, doit se conduire comme s'il se trouvait
sur le territoire du pays et ne rien entreprendre de ce
que le gouvernement de ce pays aurait droit d'empêcher comme portant atteinte à la propriété ou à
la sûreté de sa nation (1). »

C'est la portée la plus forte du canon qui fixe cette
limite. Ce principe admis aujourd'hui par tous les
peuples civilisés fut autrefois soutenu par Grotius et
Bynkershoek. Les opinions de Vaslin, Bodin et Reyneval que nous citions tout à l'heure se heurtaient,
d'ailleurs, à des objections insurmontables.

Vaslin (2) proposait comme limite de la mer territoriale le point de la côte où l'on ne pouvait plus
trouver le fond. Mais si cette théorie était admise,
certains Etats sur les côtes desquels la sonde ne rapporte rien n'auraient pas de mer territoriale ; de plus,
les travaux de délimitation seraient presque imprati·
cables ; étant donné que les fonds sont presque
partout inégaux, des sondages seraient à chaque
instant nécessaires.

---

(1) Voir note 22, du *Droit des gens moderne*, de Martens.
(2) Vaslin, *Commentaire sur l'Ordonnance de 1681*, liv. V, t.1.

Reyneval (1) prétend que la vraie mesure serait l'horizon réel. De quel horizon peut-il bien être question ici ? Est-ce de l'horizon visible ? Mais alors la mesure sera variable suivant le degré d'acuité de la vue de l'observateur, suivant le point où il se placera !... Procédé bien fragile et bien incertain...

Quoi qu'il en soit, l'Etat ne peut, sous aucun prétexte, s'opposer à la libre navigation sur les eaux qui bordent ses côtes, imposer un droit de péage quelconque, à moins que ce ne soit à titre d'indemnité pour travaux indispensables. *Le droit de l'Etat sur la mer territoriale n'est pas un droit de propriété.*

L'Etat ne possède sur la mer territoriale que le droit d'assurer sa sécurité, celle des habitants du territoire et de leurs intérêts. Il édicte des lois de police et de sûreté, en assure l'exécution : cela est non seulement un droit mais aussi un devoir.

Il est de toute évidence que la juridiction de chaque Etat sur la mer ne peut s'étendre que dans la limite où elle a le pouvoir de s'exercer efficacement : la portée du canon est donc la vraie mesure à adopter ; elle peut varier, il est vrai, avec les

---

(1) Reyneval, *Institutions du Droit de la nature et des gens,* liv. II, ch. IX, § 10.

perfectionnements de l'artillerie, mais sa base est stable et connue de tous : « *Terræ dominium finitur ubi finitur armorum vis* » (1).

Certains auteurs ont autrefois prétendu que l'Etat avait sur la mer territoriale un véritable droit de propriété. Hautefeuille, Wheaton, Azuni sont là-dessus très affirmatifs. Azuni voulait que le prince pût interdire, si bon lui semblait, toute navigation sur la mer territoriale.

Ces opinions sont aujourd'hui presque entièrement délaissées. Pradier–Fodéré, un de leurs rares partisans, est obligé de reconnaître « que, malgré les efforts des nations voisines de la mer, l'esprit de cosmopolitisme des temps modernes tend à faire bénéficier les eaux territoriales ou littorales de la liberté générale de la mer. »

En résumé, on reconnaît dans la pratique à l'Etat un droit absolu sur les rades, baies, mers fermées et ports, et un droit relatif, sorte d'*imperium*, sur la mer territoriale ou côtière (2).

---

(1) Wheaton. *Elem. of intern. law.*, vol. 1, ch. 4, § 7.

(2) Pour Vaslin, Vattel, Hautefeuille, Pradier-Fodéré, Phillimore, Hall, la mer côtière dépend de l'Etat riverain par le lien de la propriété dont ils la jugent susceptible. Pour la grande majorité des auteurs, notamment Bluntschli, Perels, Imbart Latour, Wheaton, Halleck et tout récemment encore pour Schü-

Dans la session de Paris de 1894, l'Institut de Droit International s'est longuement occupé de la mer territoriale, dont il a donné la définition suivante : « L'Etat *a un* droit de souveraineté sur une zone de la mer qui baigne la côte, sauf le droit de passage inoffensif, réservé à l'article 5. Cette zone porte le nom de mer territoriale ».

Au cours des discussions, M. Engelhart demanda la substitution de l'expression « mer littorale » à celle de « mer territoriale ». Cet avis fut repoussé.

Quant à l'étendue de la mer territoriale, on reconnaît généralement, comme nous l'avons dit, que le droit de l'État va jusqu'au point où se justifie son influence. Il s'agit toutefois de préciser une ligne de démarcation. Nous avons cité les opinions de certains auteurs tels que Vaslin, Bodin, etc., trop fantaisistes pour qu'elles puissent être adoptées. Remarquons toutefois que l'idée la plus

king, la mer territoriale, sans être susceptible de propriété, dans le sens privé du mot, l'est dans le sens international de souveraineté. L'Institut de Droit International accepte ce système avec une nuance indéfinissable, en affirmant ici l'existence d'*un* droit de souveraineté, non *du* droit de souveraineté. Ainsi s'atténue peu à peu, d'une façon décroissante, l'autorité de l'Etat sur la mer territoriale. (V. Geouffre de Lapradelle : « Le droit de l'Etat sur la mer territoriale », extrait de la *Revue Générale du Droit International public*, p. 12.)

ancienne est celle qui, de nos jours, réunit la plupart des suffrages.

Grotius et Bynkershoek (*De Dominio maris*, cap. 2) fixaient la limite de la mer territoriale à la plus forte portée du canon ; or, les publicistes modernes se rallient presque tous à cette théorie. Hautefeuille (1) dit : « La plus grande portée du canon monté à terre est donc réellement la limite de la mer territoriale. » Ortolan : « La plus forte portée du canon selon les progrès communs de l'art à chaque époque est la meilleure mesure à adopter (2). » L'argument principal qui a servi à étayer ce système est le suivant : l'État a le droit

---

(1) Hautefeuille, *Histoire des origines, des progrès et des variations du droit maritime internat.*, p. 20-22.

(2) Ortolan, *Règles internat. et diplomatie de la mer*, liv. 2, ch. 8, p. 175. De Lapradelle (ouvrage cité) soutient toutefois une théorie contraire : « La notion de la mer territoriale s'est formée sur la base du canon à une époque où l'on garnissait les côtes de pièces à feu pour les défendre. Aujourd'hui la défense des côtes repose sur des idées toutes différentes. Les fortins établis sur le rivage à intervalles continus ont été, pour la plupart, abandonnés par les services de la marine et de la guerre, démunis de bouches à feu, puis déclassés et vendus par les soins de l'administration des domaines. La défense des côtes, assurée jadis par les canons du rivage, ne l'est plus aujourd'hui que par ceux des croiseurs. C'est aux canons des navires qu'est maintenant dévolue la mission assignée jadis aux canons de la côte. Il en résulte qu'en fait l'État côtier ne saurait réclamer, en vertu du canon, sur la mer territoriale, plus de droits que sur la haute mer. »

et le devoir de veiller à la sécurité de ses côtes, par conséquent d'empêcher que tout acte d'hostilité soit commis dans ses eaux jusqu'à portée maxima du canon ; or, si des navires enfreignent cette règle, les batteries de côte ont le droit et le devoir d'ouvrir le feu sur eux.

La théorie du canon n'a contre elle qu'un seul inconvénient : elle n'est pas suffisamment certaine. Cette portée maxima du canon varie avec les différentes époques (1) ; et, quel marin, si bien exercé soit-il, pourra fixer nettement le tracé de cette ligne idéale qui sépare la mer territoriale de la haute mer ? Et cependant c'est la théorie admise en droit.

En fait, les Etats ont adopté une étendue uniforme de trois milles (5.550 m.) pour la mer territoriale. C'est ainsi que la déclaration de Constantinople du 28 octobre 1888, relative au canal de Suez,

---

(1) Les progrès de la science augmentent chaque jour ; la mer territoriale est appelée dans ce système à s'étendre de plus en plus. A la fin du XVIII⁰ siècle, la portée du tir ne dépasse pas trois milles. Par l'invention du canon rayé Armstrong, elle va jusqu'à six milles. Enfin, l'usine Krupp construit aujourd'hui des canons qui atteignent près de onze milles. A l'exposition de Chicago de 1893, cette grande maison a envoyé un canon côtier (*Küstenkanone*) qui, en avril 1892, sur le champ d'expériences de Meppen, avec une inclinaison de 44 degrés, a atteint une portée de 20.226 mètres. — Schüking, *Das Küstenmeer im internationalen Rechte*, p. 11.

prohibe tout acte de guerre dans les eaux du canal et ses ports d'accès ainsi que dans un rayon de trois milles marins de ces ports (1). Dans les cas où, depuis cinquante ans, un texte renvoie formellement à la portée de canon, il a soin immédiatement de la réduire, par une présomption, à trois milles marins.

Sans doute, les batteries de côte peuvent envoyer des projectiles à vingt kilomètres en mer, mais alors il faudrait fixer une limite non pas à la portée maxima du canon, mais à six milles, par exemple, attendu que plus loin, le tir ne peut plus être réglé d'une manière efficace. C'est, d'ailleurs, la mesure adoptée par l'Institut de Droit international dans sa session de Paris 1894. Voici comment s'exprimait M. Barclay, rapporteur : « Il me paraît personnellement que nous devrions, si nous sommes disposés à aller jusqu'à cinq milles, aller un mille plus loin et incorporer ainsi dans un seul faisceau toute la pratique existante, fixer une fois pour toutes la limite européenne d'aujourd'hui, demandée par les uns, adoptée par les autres, comme une

---

(1) Voir dans ce sens : Calvo, *Le Droit international théorique et pratique*, 4ᵉ édit., t. 1. § 356, p. 479. — Wheaton, *Eléments du Droit international*, 5ᵉ édit., t. I, p. 169.

règle sanctionnée par notre examen des circonstances et faits et par la raison des choses. » La discussion fut vive à l'Institut de Droit international : les uns trouvaient que la limite de six milles proposée n'était pas suffisante. M. de Martens demandait qu'on la portât à dix milles (18 k. 1/2). Mais M. den Beer Portugael s'y opposa en faisant très justement observer qu'à une pareille distance le tir n'était aucunement réglé et que par conséquent l'Etat ne pouvait assurer efficacement sa sécurité. Six milles, disait-il, étaient très suffisants ; porter cette distance à dix milles eût été imposer à l'Etat des devoirs trop lourds.

Quoi qu'il en soit, la limite de six milles marins a été adoptée, bien qu'elle ne soit nullement en rapport avec la portée maxima du canon. Voici d'ailleurs quelques-uns des articles arrêtés par l'Institut de Droit International dans cette session de 1894 :

Art. 2. — La mer territoriale s'étend à six milles marins de la laisse de basse mer sur toute l'étendue du littoral.

Art. 3. — Pour les baies, la mer territoriale suit les sinuosités de la côte, sauf qu'elle est mesurée à partir d'une ligne droite tirée en travers de la baie dans la partie la plus rapprochée de l'ouverture vers la mer, où l'écart entre les deux côtés de la baie est de douze milles marins de largeur, à moins qu'un usage continu et séculaire n'ait consacré une largeur plus grande.

Art. 4. — En cas de guerre, l'Etat riverain neutre a le droit de fixer par la déclaration de neutralité, ou par notification spéciale, sa zone neutre au delà de six milles jusqu'à portée de canon des côtes. (Cette dernière disposition a bien sa raison d'être, attendu qu'une protection très efficace en temps de paix peut devenir insuffisante en temps de guerre, où les projectiles lancés d'un navire à dix ou douze milles en mer peuvent facilement atteindre la côte et y causer des ravages.)

En temps de paix, un Etat agirait imprudemment en prolongeant sa mer territoriale au delà de six milles ; il s'exposerait à des mesures de réciprocité dangereuses pour son commerce.

Une note communiquée aux puissances par le gouvernement des Pays-Bas, en 1895, proposait *la limite de six milles avec une étendue semblable comme zone neutre.* Cette proposition n'était guère acceptable, étant donné que la puissance neutre ne pourrait pas assurer le respect de sa mer territoriale dans une telle étendue ; elle ne pourrait pas non plus constater les infractions commises, ni les réprimer. De plus, la guerre maritime serait rendue pour ainsi dire impossible dans certaines mers ; les évolutions des flottes seraient contenues dans des limites trop étroites et les violations *involontaires* de neutralité seraient incessantes. Des Etat puissants pourraient encore faire respecter cette zone jusqu'à un certain point; mais les Etats faibles seraient réduits à des protestations diplomatiques sans effet et même dangereuses pour eux.

En 1759, quatre vaisseaux de guerre français commandés par M. de la Clue, poursuivis par l'escadre, forte de seize navires, de l'amiral Boscawen, vinrent se réfugier dans les eaux portugaises sous la protection des forts de Sagres et de Figueras. L'amiral anglais brûla malgré cela deux vaisseaux français et captura les deux autres. M. de Pombal, ministre de Portugal, adressa des réclamations au gouvernement anglais, lequel envoya une ambassade extraordinaire pour faire des excuses publiques au gouvernement portugais. Et malgré cela l'Angleterre garda les navires cap-

turés et leurs équipages. Ce n'était pas une réparation. La France eut beau protester auprès du
Portugal, elle n'obtint aucune satisfaction et ce
fut une des causes de la guerre de 1762.

Quoi qu'il en soit, la distance de six milles est
largement suffisante, même en temps de guerre, et
c'est elle qui doit être adoptée en l'absence de
toutes conventions contraires.

— Les règles applicables à la mer territoriale
le sont en grande partie aux détroits. La question des détroits fut autrefois traitée par Grotius,
qui comprenait déjà que la liberté des mers serait
illusoire si l'usage des détroits, qui servent de
communication d'une mer à l'autre, était entravé.

Gérard de Reyneval (1) s'exprime ainsi : « Les
détroits sont des passages pour communiquer
d'une mer à une autre ; si l'usage des mers,
domaine commun de l'humanité, est libre, la communication entre elles doit l'être également, ou
autrement la liberté de ces mêmes mers ne serait
qu'une chimère. »

---

(1) Gérard de Reyneval, *Institut. de Droit de la nature et
des gens*, liv. 2, ch. IX, § 7.

V. aussi Geffken, « La question des détroits », dans la
Revue de Droit international, de Bruxelles, t. XVII, p. 362.

Azuni, *Système général des principes du Droit maritime
de l'Europe*, 1796, I., p. 75.

En nous appuyant sur les principes exposés jusqu'ici, il est facile de voir que les détroits se rattachent au territoire maritime des Etats dans les deux cas suivants : 1° S'ils sont entièrement dominés par l'Etat propriétaire des deux rives et conduisent à une mer intérieure ou fermée ; 2° s'ils servent à unir deux mers libres, mais seulement alors jusqu'à la distance fixée pour la limite de la mer territoriale. La portion du détroit qui se trouve en dehors de la ligne de respect fait partie de la haute mer (1).

Mais il y a lieu de distinguer entre les détroits donnant accès à une mer fermée et ceux faisant communiquer deux mers libres : les premiers sont la propriété absolue de l'État, qui peut en défendre l'accès ; les seconds sont toujours ouverts à la navigation des navires de toutes nationalités ; ils ne peuvent jamais devenir la propriété souveraine d'un seul. Il faut toutefois remarquer que, pour ces derniers, le ou les États riverains conservent un droit de surveillance sur une partie équivalente à la zone territoriale, puisque le détroit est assimilé à la mer.

_____

(1) M. G. Bry, *Précis de Droit international public*, p. 147.

« Mer libre, détroit libre », tel est le principe de droit international, et Pradier-Fodéré déclare que « cette liberté des détroits réunissant les eaux de deux mers libres est fondée sur le droit exclusif et inviolable des peuples de communiquer entre eux. La formule : mer libre, détroit libre, mer commune à tous les peuples, détroit commun à tous les peuples est devenue un des principes incontestés du droit international moderne (1). »

Le *Juridiction territorial waters act* anglais de 1878 semble avoir complètement méconnu cette règle en déclarant que le passage du Pas-de-Calais, opéré près de Douvres, était une concession faite par le gouvernement britannique aux navires étrangers. Ce détroit mettant en communication deux mers libres, est libre lui-même sans qu'aucune concession soit nécessaire (2).

Bien différente fut l'attitude du Chili et de la

---

(1) Pradier-Fodéré, *Cours de Droit Intern. public*, t. II, §§ 651 et 652.

(2) De Lapradelle (ouvrage cité) fait remarquer le danger qu'il y a à mesurer l'étendue de la mer territoriale d'après l'extrême limite du tir. « La mer de la Manche, dit-il, qui mesure jusqu'à 60 et 90 milles de largeur, s'abaisse, dans le Pas-de-Calais, jusqu'à 18 milles. Or, le canon anglais balayant 11 milles de la rive anglaise, et le canon français en balayant autant de la rive française, c'est un total de 22 milles que les deux groupes de canons commandent, tandis que le détroit n'en a que 18. »

République Argentine. Dans le traité du 23 juillet 1881, ces deux États établirent, sur le détroit de Magellan, un régime de quasi-neutralité ; ils s'interdisaient à eux-mêmes tout acte d'hostilité dans ce détroit, se refusant le droit d'établir des batteries sur la côte. Des refuges pour naufragés ont été construits sur plusieurs points par les soins de ces deux États ; le service du balisage ne laisse aucunement à désirer. « C'est là le type idéal du régime international vers lequel on doit tendre pour donner toute garantie à la liberté de [navigation dans les détroits (1). »

Voici le texte des articles 10 et 11 proposés en 1894 par l'Institut de Droit International pour le régime des détroits :

Art. 10. — Les dispositions des articles précédents (relatifs à l'étendue des droits de l'Etat riverain sur la mer côtière) s'appliquent aux détroits dont l'écart n'excède pas douze milles, sauf les modifications et restrictions suivantes :

1° Les détroits dont les côtes appartiennent à des Etats différents font partie de la mer territoriale des Etats riverains qui y exercent leur

_____

(1) P Godey. *Régime intern. de la Mer territoriale*, p. 30.

souveraineté jusqu'à la ligne médiane ; 2° les détroits dont les côtes appartiennent au même Etat et qui sont indispensables aux communications maritimes entre deux ou plusieurs Etats autres que l'Etat riverain font toujours partie de la mer territoriale du riverain, quel que soit le rapprochement des côtes ; 3° les détroits qui servent de passage d'une mer libre à une autre mer libre, ne peuvent jamais être fermés.

Art. 11. — Le régime des détroits, actuellement soumis à des conventions ou usages spéciaux, demeure réservé.

Il résulte de ces articles que les détroits « nationaux » qui font communiquer une mer libre avec une mer fermée sont sous la domination absolue de l'Etat riverain, qui peut à son gré en interdire l'entrée. Quant aux détroits internationaux qui font communiquer deux mers libres, l'Etat maître des deux rives ne peut *en aucun cas* y interdire la navigation. Il faut toutefois remarquer que l'Etat conserve toujours sur une partie du détroit de même étendue que la mer territoriale (six milles) toutes les prérogatives dont il jouit sur la mer territoriale elle-même. Si les deux rives du détroit sont commandées par deux Etats distincts, les droits de chacun s'étendent (pourvu que la largeur totale n'excède pas douze milles) jusqu'à la ligne médiane.

La distance de six milles proposée par l'Institut de Droit International nous semble ici vraiment excessive, elle risque d'apporter à la navigation de réelles entraves en obligeant les navires à se soumettre aux prescriptions relatives à la police de santé, à la surveillance des douanes, etc. On ne saurait trop s'élever à ce sujet contre les prétentions de l'Angleterre, dont le *Juridiction territorial waters act* souleva, en 1878, les protestations de toute l'Europe.

Tout Etat maître d'un détroit faisant communiquer deux mers libres doit non seulement en laisser le passage libre, mais encore ne faire sentir ses droits qu'en cas d'absolue nécessité, quand sa sûreté est compromise.

— Nous n'avons pas à nous occuper longuement dans cette étude des canaux maritimes. Bien que certains auteurs aient cru devoir les assimiler aux détroits, leur régime, à notre avis, procède de celui du domaine territorial. Il n'y a point à invoquer ici les droits imprescriptibles de la nature : les canaux sont l'œuvre des hommes ; les règlements qui les régissent doivent concilier les intérêts généraux et les intérêts particuliers. Qu'était-ce, après tout, que le canal de Suez avant sa création, sinon la propriété absolue, le domaine propre de la puissance égyptienne ? Il a fallu une concession spéciale de cette puissance pour que les travaux pussent être entrepris, mais la souveraineté territoriale n'en pouvait recevoir aucune atteinte. Sans doute, la théorie qui prétend que les canaux sont assimilables aux détroits se présente sous un aspect fort séduisant. L'Etat, nous dit-on, était libre de creuser le canal, mais, du jour où le dernier coup de pioche a été donné, du jour où les eaux de la mer se sont précipitées dans le canal, l'Etat riverain a dû abdiquer tous ses droits. Les eaux de la mer ont apporté avec elles la liberté du transit ; désormais le passage appartient à tous.

Cette théorie nous semble avoir été édifiée après coup. A Suez, la puissance territoriale n'a pas été assez forte pour résister aux influences de tant de peuples qui sollicitaient le droit de passage ; mais si l'Etat riverain s'était trouvé à la tête de forces navales et terrestres considérables, peut-être les choses se seraient-elles passées autrement. Quelle différence établir en effet entre la création d'un port et le percement d'un canal au point de vue des droits que conserve l'Etat riverain? Qui oserait soutenir que le gouvernement qui trace une ligne de chemin de fer traversant son territoire et abou-tissant à deux points frontières perdra tous droits sur cette ligne du jour de son ouverture ou devra en livrer l'accès aux convois étrangers? Dans les deux cas, il y a utilisation de sa proprieté.

On doit donc reconnaître à l'Etat qui creuse un canal maritime à travers son territoire *un droit absolu de souveraineté* sur ce canal jusqu'au jour où il consentira à le céder à la navigation inter-nationale.

Ce principe posé, il semble rationnel de diviser les canaux maritimes en deux catégories : d'une part ceux dont l'Etat riverain s'est réservé la pro-priété ; d'autre part, ceux qui ont été livrés à la navigation de tous les pays. Dans les premiers rentrent ceux de Kiel et de Corinthe ; dans les seconds, ceux de Suez et de Panama (1).

_____

(1) Bien que le canal de Panama ne soit encore qu'un projet, nous le plaçons cependant dans la seconde catégorie. En 1850, en effet, une convention intervint entre la Grande-Bretagne et les Etats-Unis où l'on déclarait que la navigation à travers le canal de Panama serait libre pour tous les pavillons. — Traité de Washington, 19 avril 1850.

Nous n'avons pas à parler des canaux maritimes appartenant en propre à des Etats et dont le caractère est surtout stratégique. Il ne nous reste donc qu'à envisager sommairement la situation du canal de Suez telle qu'elle est réglée par l'accord du 20 octobre 1888 intervenu entre l'Allemagne, l'Autriche, l'Angleterre, l'Espagne, la France, l'Italie, les Pays-Bas, la Russie et la Turquie. Voici les principales clauses de ce traité: « Le canal est ouvert en tout temps aux navires de tous les Etats..... Aucun acte d'hostilité ne peut être accompli ni dans les ports d'accès, ni dans un rayon de trois milles, même si la Turquie est l'un des belligérants... Les navires des Etats belligérants doivent passer le plus promptement possible, et sauf le cas de relâche forcée, ils ne peuvent séjourner à Port-Saïd ou dans les ports de Suez plus de 24 heures. . Un intervalle maximum de 24 heures doit s'écouler entre le passage de deux navires ennemis... Aucun navire de guerre ne peut stationner dans le canal... Les Etats non belligérants ont seuls le droit d'avoir deux stationnaires au plus dans les ports d'accès. Le Sultan et le Khédive peuvent prendre toutes mesures de police générale à condition de respecter la liberté de la navigation. »

Une clause de retour à l'Egypte en 1968 a été insérée dans l'art. 10 du firman de concession du canal.

On peut résumer de la manière suivante le régime des canaux maritimes :

1· Le canal maritime est *propriété absolue* de l'Etat qui l'a fait creuser.

2° L'Etat propriétaire d'un canal maritime a le droit d'y laisser circuler librement les navires étrangers à condition que sa sûreté ne soit pas compromise.

3° La concession d'un canal maritime peut être accordée par un Etat à une grande Compagnie ; mais cet Etat pourra toujours prendre des mesures destinées au maintien de l'ordre public et à la défense du pays sans qu'aucune d'elles puisse porter atteinte à la liberté de la navigation.

Il est incontestable que tout État maritime possède sur la mer qui borde ses côtes certains droits ; nous avons vu que tous les auteurs modernes s'accordent à le reconnaître malgré les divisions qui s'élèvent entre eux sur l'étendue de ces prérogatives. Mais, à côté des droits se placent les devoirs ; l'accomplissement des uns est la seule garantie des autres.

Nous avons divisé cette étude en deux parties. Il nous a semblé rationnel d'examiner successivement les droits et les devoirs de l'Etat riverain sur la mer territoriale dans la paix et dans la guerre.

Dans la paix, ses droits consistent dans la surveillance et la réglementation du cabotage, de la pêche côtière, de la police des douanes, de la police sanitaire, de la police de sûreté, de la police de navigation, du cérémonial maritime. L'Etat possède enfin un droit de juridiction différent selon qu'il s'agit de ses ports et havres ou de sa mer territoriale proprement dite.

Quant aux devoirs de l'Etat, ils consistent à laisser libre la navigation et à lui prêter secours et assistance.

Ce sera l'objet de notre première partie.

Dans la guerre, l'Etat riverain a le droit d'empêcher que des actes d'hostilité soient commis dans sa mer territoriale ; il peut même s'opposer à l'entrée dans ses ports des navires ennemis. Il fait en général valoir ses droits dans la déclaration de neutralité.

Les devoirs sont tantôt actifs, tantôt passifs ;
l'Etat doit s'opposer même par la force à ce qu'aucune atteinte soit portée à sa neutralité sur la mer
territoriale. Lui-même devra s'abstenir des actes
qui pourraient être considérés par les belligérants
comme violant cette neutralité.

C'est ce que nous étudierons dans notre seconde
partie.

PREMIÈRE PARTIE

Des Droits et Devoirs de l'État sur la Mer territoriale en temps de paix

---

CHAPITRE PREMIER

Droits de l'Etat

SECTION PREMIÈRE

Cabotage

Le cabotage ou navigation de port à port est généralement réservé au pavillon national. Il en est ainsi dans notre législation. C'est une des conditions fondamentales, essentielles de la sécurité d'un Etat. En décider autrement serait pour ainsi dire donner à l'étranger accès dans la vie privée du pays, ce serait compromettre la sûreté des côtes, le ravitaillement des ports en temps de guerre. Et, d'ailleurs, ce droit de réserve du cabotage se justifie fort aisément : Du moment qu'un Etat possède le droit de réglementer le commerce sur son territoire, qui l'empêcherait de prendre des mesures analogues sur la mer territoriale que l'on reconnaît être sous son *imperium ?* Le cabotage n'est, après tout, qu'un commerce de transport ; ceux qui l'exercent sont soumis à l'inscription maritime ; il est bien juste qu'ils trouvent une compensation à leurs charges (1).

A notre avis, il est préférable de ne mettre ici en avant que la sécurité du territoire, et c'est sur cette idée que repose la législation russe.

De même la loi du 19 mai 1866 renferme un article 9 ainsi conçu : « Le cabotage d'un port à l'autre de cette possession française (il s'agit de l'Algérie) pourra, *sur une autorisation du gouverneur général*, être fait par des navires étrangers ».

Ceux qui veulent la liberté de cabotage mettent en avant ce fait que les navires étrangers peuvent à leur gré traverser les eaux d'un Etat. Cet argument est peu probant : quel rapport établir entre le fait de traverser la mer territoriale et celui d'y établir pour ainsi dire domicile, *d'en devenir l'habitué*, par la navigation au cabotage ?

Quoi qu'il en soit, chaque Etat a le droit de réglementer à sa manière le cabotage d'après sa position maritime, l'importance de sa flotte, etc.

---

(1) De Lapradelle (ouvrage cité) repousse cette idée : « Invoque-t-on les exigences de la défense des côtes, qui, après avoir imposé des charges spéciales aux populations côtières, appellent rigoureusement une compensation ? Mais cette compensation ne se trouve-t-elle pas ailleurs que dans un monopole dont profitent, non pas tous les inscrits maritimes, mais les seuls pêcheurs, exception faite des embarqués au long cours ? Bien d'autres avantages (pensions de retraite, etc.) sans parler de la possibilité pour le marin de rester dans sa profession pendant son service militaire, compensent le préjudice relatif que lui apportent la prolongation du service actif et la plus grande faculté d'appel à la réactivité. Bref, la raison tirée de l'inscription maritime est très contestable. »

En Angleterre le cabotage était autrefois réservé : le *Merchant shipping act* de 1849 fut la dernière loi dans ce sens et, le 23 mars 1854, il devenait libre *à condition de réciprocité*.

Liberté également en Hollande, mais sous condition de paiement d'une patente (loi du 8 août 1850, art. 6).

Il en est de même en Belgique, au Brésil, au Japon, en Chine.

L'Allemagne (loi du 22 mai 1881) ; l'Autriche (décision impériale du 28 juillet 1845) ; la Russie, les Etats-Unis, la Norwège, réservent le cabotage à leurs nationaux.

Le Danemark (loi du 14 avril 1865), l'Italie, l'Espagne, le Portugal, la Grèce et la Suède réservent le cabotage, sauf dispositions contraires fondées sur le principe de réciprocité qui pourraient être contenues dans les traités.

En France le cabotage (1) est exclusivement réservé aux nationaux pour les raisons que nous avons énoncées plus haut (Exposé des motifs de la loi du 19 mai 1886). Il en est de même aux colonies. L'Algérie fait exception : les navires étrangers dûment autorisés par le gouverneur peuvent y faire le cabotage entre les différents ports.

Disons enfin qu'il n'y a aucune différence à établir, comme on le fait encore dans les tableaux des douanes,

---

(1) En France, on distingue le petit cabotage, qui se fait entre les ports de la même mer, et le grand cabotage, qui a lieu entre des ports de mer différents, de l'Océan à la Méditerranée.

entre le grand et le petit cabotage. (Cette distinction a d'ailleurs été abolie en fait par la loi du 25 novembre 1827.)

En résumé, la réserve du cabotage ne se comprend plus guère aujourd'hui que dans l'intérêt supérieur de l'Etat, dans un but de sécurité ; l'intérêt économique a bien disparu depuis que les tarifs des chemins de fer font aux caboteurs une concurrence acharnée.

SECTION DEUXIÈME

Pêche côtière

Nous ne parlerons ici que de la pêche côtière, qui se fait nécessairement dans la mer territoriale. Quant à la grande pêche, qui se fait en pleine mer, en dehors de tout droit de juridiction des Etats, elle a cependant ses règles qui régissent les droits et devoirs réciproques des pêcheurs étrangers (1).

Le droit de réglementer la pêche côtière a toujours été chaudement revendiqué par les Etats riverains ; rien n'est d'ailleurs plus naturel, ne fût-ce que dans l'intérêt général. La pêche côtière est une des richesses principales d'une nation ; elle est beaucoup plus productive que celle qui se fait au large ; c'est sur

(1) On distingue : 1° la pêche en pleine mer, libre pour toutes les nations, et la pêche côtière, réservée le plus souvent aux nationaux des Etats riverains ; 2° la grande pêche qui se pratique dans les mers lointaines, et la petite pêche, qui a lieu dans les mers voisines ; l'une et l'autre peuvent d'ailleurs se pratiquer en pleine mer ou dans les eaux territoriales. (V. Pradier-Fodéré. *Traité de droit international public*, t. V., n° 576 et suiv.).

les côtes que les poissons viennent déposer leur frai,
que se trouvent les bancs d'huîtres, de moules, de
coquillages ; c'est aussi dans les eaux côtières que
les plongeurs vont chercher les perles et le corail.
De plus, les populations riveraines comptent chaque
jour sur ces produits pour leur alimentation aussi
bien que pour accroître leurs richesses, comme le tra-
vailleur des campagnes base ses espérances sur les
produits du sol.

« S'il était permis à tous les peuples de venir pêcher
sur les côtes d'un pays, dit Pufendorf, cela diminue-
rait la pêche et le produit des habitants, d'autant
plus qu'il y a certaines sortes de poissons ou de
choses précieuses, comme les perles, le corail, l'ambre
qui ne croissent qu'en un seul endroit de la mer,
quelquefois même d'assez petite étendue. Pourquoi donc
les habitants d'une côte ne pourraient-ils pas se prévaloir, à l'exclusion des autres, de la fécondité ou
des rares productions de la mer voisine ? Certainement
on n'a pas plus de raisons de s'en fâcher ou d'envier
un tel avantage à ceux qui en veulent jouir seuls que
de se plaindre de ce que tout ne croît pas dans tout
pays (1) ».

On ne pourrait étayer les droits de réglementation
de l'Etat en pareille matière sur un motif de sécurité
analogue à celui que nous avons exposé à propos du
cabotage (2).

_____

(1) *Droit de la nature et des gens* de Pufendorf, traduit par
Barbeyrac, liv. IV, ch. V. § 7.
(2) V. Grotius, liv. 2. ch. 2, § 5. – Ortolan, ch. 8, t. I, p. 160. —
Bluntschli (art. 310).

En interrogeant l'histoire, nous voyons que ce droit de pêche côtière fut rarement contesté à l'Etat riverain. Cependant quelques conventions spéciales en partagèrent l'exercice avec des Etats étrangers, mais la plupart du temps, à titre de réciprocité. Le traité de Londres, de 1459, conclu entre l'Angleterre et la Hollande, stipule le droit réciproque de pêche côtière. En 1432, le roi de Danemark et de Norvège, Eric, interdisait la pêche dans ses eaux à moins d'autorisation spéciale. Certains souverains étendaient même autrefois leurs pouvoirs bien au delà des limites de la mer territoriale, mais c'était une pratique presque barbare dérivant d'un principe abandonné aujourd'hui : l'empire des mers. On trouve encore, au début de ce siècle, une application singulière de cette théorie : Un ukase d'Alexandre I⁵ʳ du 4/16 septembre 1812 décidait que toute la mer comprise entre le détroit de Behring et le 51° de latitude nord, à une distance de 100 milles de l'Asie et de l'Amérique, faisait partie du territoire russe et que la pêche y était interdite sous peine de confiscation. Ajoutons que cet ukase dut bientôt être retiré devant les menaces de l'Amérique et de l'Angleterre. Aujourd'hui, la Russie limite la mer territoriale à une portée de canon des côtes (1).

La question de la pêche dans la mer du Nord, en dehors des eaux territoriales a été définitivement réglée par la convention de la Haye du 6 mai 1882,

---

(1) Martens. *Traité de Droit international,* traduction A. Leo, 1883, t. I, p. 500.

où furent représentées la France, l'Allemagne, la Belgique, l'Angleterre, les Pays-Bas, la Prusse. On fut amené à parler de la mer territoriale et l'art. 2 fut ainsi conçu : « Les pêcheurs nationaux jouiront du droit exclusif de pêche dans le rayon de trois mille à partir de la laissé de basse mer, le long des côtes de leurs pays respectifs ainsi que des îles et bancs qui en dépendent ».

La plupart des États réservent aujourd'hui la pêche côtière à leurs nationaux.

L'Allemagne (loi du 26 février 1876) (1) punit d'une amende de 600 marks au plus ou de six mois de prison au maximum, le fait de se livrer à la pêche sur ses côtes. Cette mesure visait spécialement les Anglais.

Il y a des mesures analogues en Suède et en Norvège (2). De même en Russie. La loi belge du 19 août 1891 porte dans son article 1 : « Conformément aux stipulations des articles 2 et 3 de la convention internationale conclue à la Haye le 6 mai 1882, la pêche, soit qu'elle s'exerce à bord, soit qu'elle ait lieu par embarcation détachée, est désormais interdite à tout bateau étranger dans le rayon de trois milles géographiques de 60 au degré de latitude (3) ».

Les Pays-Bas ont, le 26 octobre 1889, interdit la pêche étrangère dans les eaux territoriales du royaume (4).

---

(1) Voir *Annuaire de législation étrangère*, 1876, p. 152.
(2) Aubert, « La mer territoriale de la Norwège », dans la *Revue Générale*, t. I, 1894, p. 432.
(3) *Annuaire de législation étrangère*, 1892, p. 567.
(4) *Annuaire de législation étrangère*, 1891, p. 519.

En Danemark, la peine contre les infractions à la police de la pêche est une amende de 10 à 100 couronnes. Quant à la pêche sur les côtes d'Islande, elle est exclusivement réservée aux Islandais et aux Danois.

En Angleterre, aucun navire de pêche étranger ne peut franchir les eaux réservées, si ce n'est dans un but légitime.

Les États-Unis, le Portugal, la Grèce ont adopté le régime de la liberté absolue.

Voici quel est le système français. La loi du 2 mars 1888 pose le principe : Article 1er : « La pêche est interdite aux bateaux étrangers dans les eaux territoriales de la France et de l'Algérie en deçà d'une limite qui est fixée à trois milles marins au large de la laisse de basse mer (1) ». Pour les baies, le rayon de trois milles est mesuré à partir d'une ligne droite tirée au travers de la baie dans la partie la plus rapprochée de l'entrée, à l'endroit où l'écartement n'excède pas dix milles.

Avant cette loi du 2 mars 1888, la pêche sur nos côtes était très inefficacement protégée, aussi les conflits étaient-ils incessants entre marins de nationalités différentes et même entre gouvernements. Notre littoral de la Manche était envahi par les pêcheurs anglais. Sur nos côtes de l'Océan, du golfe de Gascogne, la clause du Pacte de famille qui réglait cette question était depuis longtemps abolie ; l'article 9 de la convention du 8 décembre 1877 abrogeait tous les anciens traités

---

(1) Voir pour les conditions d'exécution le décret du 19 août 1888.

passés avec l'Espagne, mais cela n'empêchait pas les Espagnols de se livrer à la pêche sur nos côtes de l'Atlantique (1). Enfin, nos rivages méditerranéens voyaient chaque année grossir le nombre des bateaux italiens, qui, ne trouvant pas suffisamment fructueuse la pêche sur leurs côtes, venaient exercer chez nous leur industrie (2).

L'article 2 de notre loi du 2 mars 1888 fixe une amende de 16 à 200 francs pour la première contravention ; pour une seconde, on double l'amende. Les articles suivants stipulent d'autres condamnations, en particulier : la confiscation, qui peut être portée à six mois si l'amende n'est pas payée (art. 3 à 6).

Un traité du bey de Tunis du 24 octobre 1832, qui cédait à la France le droit d'exploiter la pêche du corail sur les côtes tunisiennes, a reçu sa confirmation par le traité de Csar-Saïd du 1er mai 1881, qui consacre toutes les conventions existant entre les deux pays (3).

Disons enfin que les bateaux de pêche sont, en temps de guerre, exempts de la saisie et de la confiscation, pourvu que leur attitude reste absolument neutre. Ce privilège porte le nom de « trêves pêcheresses ».

---

(1) Le 22 octobre 1884, le *San Pedro*, barque espagnole, fut capturé par le stationnaire français, alors qu'il se livrait à la pêche à deux milles environ de Biarritz, mais il fallut relâcher l'équipage, puisqu'aucune loi n'autorisait les poursuites contre lui.

(2) Voir statistique des pêches maritimes pour 1884, *Journal Officiel*. 1885, p. 6105. — 346 bateaux italiens se livrèrent dans cette année à la pêche sur notre littoral.

(3) De Clercq, *Recueil des traités de la France*, t. XIII, p. 25-26.

Au début de la guerre franco-allemande parut une
instruction du gouvernement français (25 juillet 1870),
recommandant aux officiers de marine de n'apporter
aucune entrave à la pêche côtière, même sur les rivages
ennemis, pourvu qu'aucun abus ne se produisît (espion-
nage, transport d'armes de guerre, etc.)

Nous croyons néanmoins que la prétention d'un
navire pêcheur de forcer un blocus, serait absolument
injustifiable et que les mesures de rigueur prises contre
lui seraient parfaitement légitimes.

SECTION TROISIÈME

Droit de Police de l'État

Les droits de l'État sont bien différents selon qu'il
s'agit de sa mer territoriale ou de ses ports, havres et
rades. Ces derniers sont du domaine public national,
susceptibles d'une appropriation à peu près absolue ;
l'État peut donc imposer aux navires qui y pénètrent
telles obligations qui lui semblent bonnes, prendre des
mesures de sécurité. Quant à la mer territoriale, nous
avons vu qu'il n'a sur elle aucun droit de propriété ;
des intérêts économiques et politiques militent seuls
en faveur du droit de juridiction qui lui est accordé.
Sur cette partie de la mer, l'État n'a pas le *dominium*,
il possède seulement les droits utiles à la défense de
son territoire, à la défense des intérêts fiscaux et
commerciaux. Mais ce pouvoir ne donnant qu'un droit
d'empire, de législation, de surveillance, de juridiction
et d'emploi de la force, ne peut aller au delà des

atteintes de cette force « *Terræ dominium finitur ubi
finitur armorum vis* (1) ».

Nous admettrons, avec la majorité des auteurs, que
le droit de police de l'État ne peut s'exercer que relativement à ces droits.

L'État riverain peut donc établir sur ses côtes des
lignes douanières, édicter des règlements sanitaires,
prendre des mesures de sûreté, veiller à la sécurité de
la navigation. Nous allons étudier séparément chacun
de ces droits.

A. — Visite des Douanes

C'est un motif d'ordre économique au premier chef
qui permet à chaque État d'établir sur ses côtes des
droits de douane, de les reviser en les augmentant ou
les diminuant à son gré. Cette barrière ainsi placée
aux frontières maritimes est une garantie contre
l'invasion des produits étrangers qui viendraient faire
à ceux de la métropole une concurrence redoutable.
Cependant, une surveillance analogue à celle des frontières terrestres serait complètement insuffisante. La
contrebande s'exerce sur une vaste échelle le long des
côtes ; aussi l'État doit-il étendre sa sphère d'action
bien au delà de la limite normale de trois milles. La
police des douanes est aujourd'hui partout sévèrement
réglementée (2) ; des peines multiples s'appliquent aux

---

(1) Wheaton. *Elem. of internat. law.*, vol. 1, ch. 4, § 7.

(2) C'est seulement au XVIII⁰ siècle que l'idée d'une zone
douanière maritime fait son apparition. On l'observe pour la

infractions prévues ; les navires soupçonnés de contrebande peuvent être non seulement visités, mais encore détenus ; les marchandises prohibées trouvées à bord sont confisquées, les officiers et l'équipage peuvent être condamnés à l'amende et même à l'emprisonnement.

Il existe toutefois une exception pour les navires de guerre : ceux-ci sont exempts de la visite des douanes. Cela se comprend aisément, étant donné que le bâtiment de guerre est considéré comme une partie du territoire auquel il appartient, qu'il est l'expression de sa puissance et de sa souveraineté.

Les distances sur lesquelles s'exerce le contrôle de la douane varient avec les divers États. Une loi anglaise du 28 août 1833 porte que : « Les navires de commerce étrangers trouvés dans la limite de quatre *leagues* (12 milles, 22 kil.) des côtes, soit à l'ancre, soit louvoyant et ne se dirigeant pas vers un port ou vers le but de leur voyage, lorsque le temps le permet, doivent se retirer dans les quarante-huit heures sur la sommation qui leur en est faite ; s'ils sont chargés de marchandises prohibées et qu'ils n'obéissent pas à la sommation, ils sont confisqués (1). » Mesure vexatoire et abusive au premier chef. De quel

---

première fois dans le bail Carlier (19 août 1726, art. 395). Elle fut maintenue par le bail de Forceville (16 septembre 1738, art. 391) ; elle est entrée définitivement dans la législation des douanes françaises par la loi du 4 germinal an 2, art. 7. — V. de Lapradelle, ouvrage cité, p. 61.

(1) Lawrence. *Principles of international law.*, p. 176.

droit l'État intervient-il alors que le navire se tient à distance plus que respectueuse du rivage ? Quel danger fait courir au commerce d'un pays le bateau qui louvoie à vingt kilomètres de ses côtes ? Une surveillance très active semblerait seulement nécessaire.

L'article 15 du décret espagnol du 3 mai 1830 et le décret du 20 juin 1852 fixent à six milles le rayon dans lequel le contrôle douanier peut s'exercer. Cette mesure nous paraît plus conforme à la justice.

Une ordonnance du ministre autrichien des finances, du 23 mars 1881, citée par Schüking, fixe à quatre milles marins la zone douanière (1). En France, le rayon de surveillance, qui était de deux lieues d'après la loi du 22 août 1791 (art. 7, titre XIII), a été définitivement fixé par l'article 13 de la loi du 27 mars 1817, à 11 milles (deux myriamètres). On peut, à notre avis, faire à la loi française le même reproche qu'à la loi anglaise. Nous admettons que la distance de trois milles, limite moyenne de la mer territoriale, est bien courte en matière de douanes, mais nous ne voyons pas de quel droit on l'augmente d'une manière aussi exagérée. On objectera que la portée de canon étant environ de vingt kilomètres, la mer territoriale a la même étendue et que le contrôle douanier peut s'exercer à cette distance des côtes ; cela est juste, mais la juridiction sur cette partie de la mer ne se comprend que dans un intérêt de *sécurité* et vraiment quel danger peut faire courir au commerce

---

(1) V. Schüking, *Das Küstenmeer*, p. 12.

d'une nation la paisible navigation d'un bateau à plus de quinze kilomètres des côtes ? Nous faisons cependant une exception pour le pirate, cet ennemi commun (1) qui peut être poursuivi aussi bien en pleine mer que sur les côtes.

L'Institut de Droit International a très justement posé la règle suivante : « Les navires de toutes nationalités, par le fait seul qu'ils se trouvent dans les eaux territoriales, à moins qu'ils n'y soient seulement de passage, sont soumis à la juridiction de l'Etat riverain. L'Etat riverain a le droit de continuer sur la haute mer la poursuite commencée dans la mer territoriale, d'arrêter et de juger le navire qui aurait commis une infraction dans la limite de ses eaux. En cas de capture sur la haute mer, le fait sera toutefois notifié à l'Etat dont le navire porte le pavillon. La poursuite est interrompue dès que le navire entre dans la mer territoriale de son pays ou d'une autre puissance. Le droit de poursuite cesse dès que le navire sera entré dans un port de son pays ou d'une tierce puissance. »

B. — Police Sanitaire

Les relations continuelles de l'Europe avec les pays d'Orient et d'Extrême-Orient, le développement énorme du commerce maritime, obligent les Etats à prendre des mesures hygiéniques pour empêcher l'importation des maladies *pestilentielles* ; encore ces précautions

---

(1) Cicéron. *De Officiis* 1, 3, 29, *Communis hostis omnium.*

n'ont-elle pas toujours une efficacité suffisante. Les
règlements sanitaires ont surtout de l'importance dans
les ports de la Méditerranée. Ce sont les *quarantaines*.
Ces mesures sont des exceptions nécessaires à la
liberté de la navigation, aussi l'Etat riverain doit-il
s'efforcer de les rendre aussi peu vexatoires que
possible (1).

Dès le XIVᵉ siècle, on trouve l'application des quarantaines au moment où la peste, la « mort noire »,
comme on l'appelait alors, venait de faire son apparition dans la république de Venise. Le fléau menaçait
de prendre des proportions terribles, aussi des établis-
sements sanitaires furent créés dans les principaux
ports de la côte (Venise, Gênes, Marseille) ; tout navire
venant de l'Orient y était soumis à l'isolement pendant
un temps assez long. (C'est de là que vient le nom
de quarantaine).

Les règlements sanitaires étaient ce qu'ils sont
encore aujourd'hui. Ils ont pour objet de couper aux
navires arrivant de certains pays toute communication
avec la terre ; de ne les laisser pénétrer qu'après
désinfection ; de frapper de peines très sévères toutes

---

(1) Avec la souveraineté (propriété) pour principe et le canon
pour mesure, les navires contaminés pourraient être contraints
de garder la haute mer, sans approcher à plus d'une portée de
canon : système monstrueux, puisqu'il permettrait de tenir le
navire au large, exposé à toutes les violences de la mer sans
lui permettre de chercher un abri sur la côte... La conta-
mination n'est pas à craindre, hors le cas de débarquement, et
un faible intervalle de mer suffit à l'empêcher. V. de Lapradelle,
ouvrage cité, p. 62.

infractions commises dans cet ordre d'idées. En cette matière, d'ailleurs, les nations européennes sont toutes solidaires : le manque de surveillance sur un point quelconque serait la porte ouverte à la contagion dans les Etats voisins. Aussi, serait-il à désirer qu'une conférence internationale se réunît pour régler uniformément la question. Des essais de ce genre ont été quelquefois tentés, mais ils n'ont point abouti : les Conférences de Paris de 1851-52 et de 1859, celle de Constantinople en 1866, de Venise en 1874, ne donnèrent aucun résulat.

L'Angleterre offre depuis longtemps le spectacle d'une lamentable incurie à ce point de vue : les règlements de police sanitaire y sont mal ou point observés. Le sentiment commercial domine tous les autres chez nos voisins, comme en témoigne si bien cette phrase du délégué anglais au Conseil sanitaire d'Alexandrie en 1883 : « Les intérêts du commerce sont aussi respectables que ceux de la santé publique ; les premiers ne doivent pas souffrir de la protection des seconds. » N'est-ce pas là un précepte barbare qui laisse à l'Angleterre une lourde responsabilité ! Il faut d'ailleurs observer que les Anglais, très larges pour eux-mêmes, se montrent très sévères à l'égard des étrangers, puisqu'aux termes de la loi britannique (26 geo 2), sont frappés d'une amende de 200 livres (5000 francs), les navires qui, venant de ports contaminés, ne hissent pas les signaux de quarantaine dans le rayon de quatre *leagues* (12 milles) de la côte anglaise. Nous croyons que si une pareille mesure était appliquée, le navire

frappé devrait élever des réclamations par la voie diplomatique. La distance de deux *leagues* (6 milles) serait
tout au plus tolérable.

La Russie use d'un système beaucoup plus juste :
d'après un règlement du 3 novembre 1864, tout navire
entrant dans ses ports doit produire un certificat de
santé que le commandant a dû faire viser à son port
de départ par le consul de Russie.

Le décret prussien du 15 août 1879 ordonne au
médecin et au commandant du navire de réclamer
avant son départ un certificat de santé qui doit être
ensuite visé par le consul du pays où se rend le
navire.

En France, les règlements de police sanitaire sont
très rigoureux. Nous ne parlons ici que des services
de la Méditerranée, car dans l'Océan il est d'usage de
ne pas exiger les patentes de santé pour les navires
arrivant de pays non contaminés.

L'ordonnance des 7-14 août 1822 et le décret du 24
décembre 1850 enjoignent aux commandants des navires français ou étrangers qui veulent pénétrer dans un
port : 1° de se conformer aux règlements de police de
santé et aux ordres de l'administration ; 2° de ne point
communiquer avec la terre de quelque façon que ce soit
ou avec d'autres bâtiments avant d'avoir obtenu la libre
pratique ; 3° de se tenir dans le lieu que leur désigne
l'administration compétente ; 4° de se rendre, quand
ils en reçoivent l'ordre, auprès des autorités sanitaires
après avoir amarré leurs chaloupes ou leurs canots *à
flamme jaune* dans un endroit apparent : 5° de répon-

4

dre sincèrement, sur parole, aux questions de toute
nature pouvant intéresser la santé publique, qui leur
seraient posés. (Ces interrogatoires, auxquels peuvent
aussi être soumis les passagers et l'équipage, sont
appelés *arraisonnements*).

On peut imposer aux navires deux sortes de quarantaines : quarantaines de rigueur et quarantaines d'observation, applicables selon les cas ; elles sont purgées
à bord ou dans les lazarets (1).

Disons enfin que les navires de guerre sont généralement dispensés des formalités de la quarantaine. Si
toutefois cette mesure devait être prise.contre eux, la
parole d'honneur du capitaine s'engageant à ne laisser
aucune communication s'établir entre son équipage et
la terre sarait suffisante. (Ordonnance suédoise du
8 avril 1854.)

C. — POLICE DE SURETÉ

Un Etat a le droit d'assurer, par tous les moyens en
son pouvoir, la sécurité de son territoire. Il est donc
bien naturel que cette faculté subsiste en ce qui concerne non seulement les ports et rades mais encore
la mer territoriale. Il y a cependant une distinction
à établir : les ports et rades font partie intégrante du
domaine national, ils sont la propriété de l'Etat ; celui-
ci peut donc en interdire l'accès si cela lui paraît

---

(1) Les frais de quarantaine sont, d'après les règlements de
la plupart des Compagnies de navigation, à la charge des
passagers.

nécessaire; il n'en est pas de même de la mer territoriale, sur laquelle il n'a qu'un droit de juridiction.

Un Etat faible, dépourvu de forces terrestres et maritimes, pourra fort bien refuser l'entrée de ses ports
à une flotte de guerre, mais il ne pourra en aucune
façon interdire aux navire étrangers la libre navigation
sur sa mer côtière; tout au plus lui sera-t-il permis,
si le séjour d'un navire dans ses eaux se prolongeait,
de demander des explications au commandant et de lui
intimer l'ordre de poursuivre sa route. Remarquons
toutefois que les droits de l'Etat, quelque absolus
qu'ils soient, doivent fléchir devant certaines nécessités
de la navigation. Ainsi le droit de relâche forcée est
reconnu par la coutume et les traités, même à l'égard
des ports fermés.

L'accès de nos ports de commerce est ouvert aux
navires de guerre des puissances étrangères : le leur
refuser serait faire insulte à leurs gouvernements et pourrait motiver l'échange de notes diplomatiques. Ces questions sont d'ailleurs en général tranchées par voie de
règlements ou de traités. Tantôt on fixera le nombre de
navires de guerre à recevoir dans un port, tantôt même
on leur en interdira l'accès (1), tantôt des explications
seront demandées aux commandants des navires, tantôt
enfin on enlèvera aux vaisseaux leur provision de poudre
durant leur séjour.

----

(1) L'art. 29 du traité de Berlin du 13 juillet 1878 déclare que
tous vaisseaux ou flottes de guerre seront exclus du port d'Antivari et des eaux du Montenegro.

« Ces sages limitations, dit Ortolan, sont conformes à une politique prévoyante, car, sans parler des cas de surprise qu'une puissance peut avoir à craindre de la part d'une autre, avant la déclaration de guerre, le séjour sur son territoire de troupes étrangères nombreuses peut devenir la source de circonstances fâcheuses qu'il est utile de prévenir. »

Des traités de ce genre ont été conclus à toutes les époques : citons seulement ceux passés entre la France et la Hollande le 10 août 1678, le 11 avril 1713, le 12 décembre 1739 ; le traité du 10 juillet 1813 conclu entre la France et le Danemark, qui reproduit celui du 14 février 1633, déclare, art. 30, que « les navires de guerre de l'un des deux rois auront la liberté d'entrer dans les havres, les rivières et les ports de l'autre et d'y demeurer à l'ancre tant qu'ils voudront sans être obligés de souffrir aucune visite, à la charge toutefois qu'ils n'y feront pas trop long séjour sans nécessité qui puisse causer des soupçons aux gouverneurs des lieux, à qui les capitaines des navires seront obligés de faire connaître la cause de leur arrivée et de leur séjour. »

Un traité de 1767 entre la Grande-Bretagne et l'Espagne décidait qu'un seul navire pouvait être admis à stationner dans un port. En 1796, le traité passé entre les Deux-Siciles et la France en fixe le nombre à quatre.

Perels (1) cite certains traités récents qui, sans déterminer le nombre de vaisseaux à admettre, stipulent simplement qu'ils devront se conformer aux lois du pays et

---

(1) Perels, *Droit internat. maritime*, p. 104, notes 3 et 4.

aux règlements sanitaires (Traités de l'Allemagne avec le Mexique du 28 août 1869 (art, 21); avec le Salvador du 13 juin 1870 (art. 18); avec Costa-Rica du 18 mai 1875 (art. 21). Notons encore dans le même sens le traité du 2 janvier 1858 entre la France et le Salvador.

Il est, cependant, un cas exceptionnel qu'il convient d'examiner : un navire de guerre poursuivant un bateau pirate doit-il l'abandonner quand ce dernier se réfugie dans les eaux territoriales d'un autre Etat? Malgré la réponse affirmative de Perels (1) nous ne le croyons pas. La piraterie étant un crime de droit des gens, la poursuite ne doit cesser qu'à l'entrée d'un port étranger ; là seulement s'arrête le droit de capture. Toutefois, à cela même il y a une exception contenue dans certains traités ; nous n'en citerons qu'un rapporté par Perels (p. 143) : Un traité du 2 septembre 1861, conclu entre le Zollverein et la Chine, autorisait les vaisseaux de guerre allemands à poursuivre jusque dans les ports Célestes les bateaux pirates. Ce traité a été modifié en 1877 ; la poursuite ne peut aujourd'hui être continuée qu'avec l'autorisation écrite d'un mandarin ; les tribunaux chinois sont compétents.

D. — Police de la Navigation

Nous arrivons maintenant aux droits les plus étendus de l'Etat sur sa mer territoriale, droits universellement reconnus par suite de leur incontestable utilité. La navigation doit être assurée le long des côtes ; à qui appar-

------

(1) Perels, *Droit internat. maritime*, pp. 142 et 143.

tiendrait-il, sinon à l'Etat riverain, de la réglementer ?
Il y va de l'intérêt du commerce de toutes les nations.

Nous passerons rapidement en revue les diverses mesures destinées prévenir les abordages, à protéger les câbles sous-marins et relatives à l'installation des balises, bouées, etc., au service du pilotage.

§ 1. — ABORDAGES

Les abordages, si rares autrefois, sont devenus très fréquents dans la seconde moitié de ce siècle, et cela s'explique par la rapidité beaucoup plus grande des navires et par l'augmentation des flottes militaires et commerciales. Les océans sont sillonnés en tous sens par des bâtiments de toutes nationalités et chaque Compagnie se fait un point d'honneur de devancer ses concurrentes, non seulement en luxe mais encore en vitesse, et, malgré les réglements sévères en vigueur, les accidents sont de plus en plus fréquents et terribles. En vain des projets sont–ils élaborés tendant à fixer les routes à suivre, différentes à l'aller et au retour ; il est à craindre qu'on ne se bute contre les intérêts particuliers du commerce en contradiction avec les intérêts généraux.

Un décret du 4 novembre 1879 a rendu exécutoire en France le règlement international destiné à prévenir les abordages. Un décret postérieur du 1ᵉʳ septembre 1884 ne fait que confirmer celui de 1879, il y ajoute cependant un article sur les signaux à faire en cas de détresse. Enfin, un règlement promulgué par décret du 21 février 1897, appliqué depuis le 1ᵉʳ juillet de la même année, contient des dispositions pour prévenir les abordages (1). Ce règlement remplace celui du 1ᵉʳ septembre 1884 et reproduit les dispositions arrêtées en fin de 1889 par la conférence internationale de Washington, modifiées d'ailleurs depuis cette époque par les puissances inté-' ressées. (La conférence de Washington de 1889 avait pré· paré une codification nouvelle des signaux et des règles de route en mer ; mais ce règlement était trop compliqué, il a été modifié dans la suite.)

M. le commandant Riondel, qui s'est livré tout spécialement à l'étude des moyens de prévenir les abordages en mer, demande la diminution des grandes vitesses, 18 à 22 nœuds, en cas de brume et dans les parages dangereux. Il déplore la portée trop réduite des feux de position (vert et rouge), en constatant qu'elle n'est pas suffisante étant donnée la vitesse de certains navires.

Une réglementation nouvelle s'impose. Ne pourrait-on, par exemple, laisser aux bâtiments filant moins de douze nœuds leurs feux actuels, et exiger pour ceux dont la vitesse est plus grande une portée de feux de cinq à dix milles ?

On s'occupe activement aujourd'hui de perfectionner

---

(1) Ces dispositions concernent les fanaux qui doivent rester allumés pendant la nuit sur les navires, au sommet du mât de misaine, ainsi qu'à bâbord et à tribord ; les signaux phoniques pour le temps de brume et les prescriptions concernant la route à suivre dans le cas de rencontre de deux navires. — La loi française du 10 mars 1891, relative aux accidents et collisions en mer, prononce des pénalités contre les commandants, patrons, officiers de quart, coupables de négligence ou d'incapacité.

le fonctionnement des sirènes dans les phares ; il arrive souvent, en effet, que la brume survient épaisse avant que les gardiens aient eu le temps de mettre en pression les chaudières. Aussi serait-il prudent d'installer des réservoirs d'air comprimé suffisants pour actionner la sirène en attendant la pression (1).

Mentionnons ici l'existence d'un Code international des signaux. Les communications peuvent se faire par écrit ou par signaux à l'aide de pavillons, flammes, boules ; toutefois, à grande distance on ne peut user que de signaux. Pendant les signaux, on doit employer la flamme spéciale dite caractéristique du Code ; elle sert d'aperçu. A grande distance, c'est une boule noire montrée seule ; quant aux autres signaux, on recourt à des modifications successives. La deuxième partie du Code contient un index alphabétique et toutes les communications prévues rangées par ordre alphabétique. La troisième contient *les règles destinées à prévenir les abordages*, les signaux de grande distance, les signaux à l'usage des canots, les signaux faits par les stations sémaphoriques sur les côtes, les signaux de prévision du temps, les avis de tempête, les signaux de pilote. Le Code international comprend 18 caractères qui sont représentés par un guidon, quatre flammes et treize pavillons carrés (2).

---

(1) Cette mesure vient d'être appliquée au phare de Planier, situé à huit milles au sud-ouest de l'entrée du port de Marseille.

(2) Arthur Desjardins, *Droit privé maritime*, t. V. — Voir chapitre des abordages.

Les abordages se produisent souvent entre bâtiments de pavillons différents. De là, des conflits
incessants, étant donnée la diversité des lois sur les
abordages. Qui supportera le dommage causé ? Quel
tribunal sera compétent ? Quelle loi appliquera-t-on ?

Point de doutes en cas d'abordage imputable à la
faute d'un capitaine : c'est lui qui doit supporter le
dommage. Point de difficultés non plus en cas d'abordage fortuit : chaque navire supporte les charges de
ses avaries. Mais que décider s'il y a eu abordage
douteux ? La plupart des législations étrangères décla-
rent qu'à défaut de preuves, l'abordage est censé
fortuit ; mais notre code de 1807 décide que, dans
cette hypothèse, les deux navires se partageront les
dommages.

La question de compétence offre d'assez nombreuses
difficultés. Sans vouloir entrer dans l'examen des cas
qui peuvent se présenter, nous énoncerons seulement
deux règles fondamentales admises dans la pratique :

1° — En cas d'abordage en pleine mer, la compétence appartient aux tribunaux du pavillon du navire
abordeur.

2° — Si l'abordage a lieu dans les eaux territoriales d'un pays, la compétence appartient aux tribunaux de ce pays, alors même que les navires sont
de nationalités différentes (1).

Quant à la loi applicable à la responsabilité de

_____

(1) Cassation, Chambre civile, 4 novembre 1891. *Gazette du
Palais*, 16 novembre 1891. Clunet, 1892, page 153.

l'abordeur nous adopterons la même solution que pour la compétence :

Dans le cas d'abordage en pleine mer entre deux navires de nationalités différentes, c'est d'après la loi du pays auquel appartient le navire abordeur que doit se régler l'étendue de la responsabilité du propriétaire de ce navire. C'est donc la loi *du pavillon du navire abordeur*, de l'obligé, en un mot, que le juge doit appliquer. Si l'abordage se produit dans les eaux territoriales d'un pays, c'est d'après la loi de ce pays que la demande doit être jugée (1).

Un autre système a été proposé par M. de Lapradelle dans un but de simplification (2) : « Quand le sinistre a lieu dans la mer territoriale, il est bien difficile d'en déterminer exactement le point. Dès lors, dans chaque affaire d'abordage, il va s'engager sur le lieu précis de la rencontre, des contestations que la nuit, la brume, ces grandes causes d'abordages, et le trouble qui succède au choc ne permettront pas souvent de résoudre...... *Mieux vaudrait laisser le navire sous le même régime qu'en pleine mer, c'est-à-dire sous la loi du pavillon ;* c'est le système indiqué lorsque les deux navires sont de même nationalité, c'est aussi lui qui doit s'appliquer, lorsqu'ils sont étrangers..... La conclusion est donc que la mer territoriale ne saurait conférer à l'Etat côtier

(1) M. Bry, *Cours de droit international public*, p. 186.
(2) De Lapradelle, ouvrage cité, p. 38.

aucune compétence spéciale en matière d'abordage (1) ».

Nous ne saurions partager cette opinion. Son auteur, pour la soutenir, s'appuie sur ce fait, qu'il est souvent bien difficile de déterminer exactement le point où s'est produit l'abordage. Eh bien ! cela sera matière à procès ; s'il est reconnu que l'abordage a eu lieu dans la mer territoriale, on appliquera la loi côtière ; sinon ce sera la loi du pavillon de l'abordeur·

§ 2. CABLES SOUS-MARINS

Il faut ici distinguer entre les câbles sous-marins de la haute mer et ceux qui se trouvent dans les mers territoriales.

En vertu du droit de l'Etat d'exercer la police de la navigation dans sa mer territoriale, on lui reconnaît le pouvoir de protéger, par les mesures qui lui semblent bonnes, les câbles sous-marins. Des lois, dans ce but, ont été faites par la majorité des puissances. C'est d'ailleurs pour cela que la convention internationale du 14 mars 1884 (2) n'a son application que sur la haute mer (3).

---

(1) En 1888, l'Institut de Droit international de Bruxelles, prenait la résolution suivante : « Il est entendu que les eaux territoriales en matière d'abordages seront considérées comme en pleine mer. »

(2) La loi française du 20 décembre 1884 applique le principe de la convention.

(3) L. Renault. *De la protection des câbles sous-marins. Revue de Droit International*, Bruxelles, t.XV p.17, t. XII p. 251.

Les stipulations de la convention de 1884 ont été rendues applicables aux colonies anglaises du Canada, du Cap, de Terre-

L'idée de cette convention remonte à la résolution prise le 5 septembre 1879 par l'Institut de Droit International de Bruxelles, tendant à ce que fussent considérées comme délits de droit des gens toutes détériorations faites aux câbles sous-marins (1) ; on y émit aussi le vœu que les détériorations permises dans l'état de guerre fussent facilement réparables aussitôt les hostilités terminées.

Quelques Etats avaient émis un vœu tendant à ce que les câbles fussent neutralisés, mais on ne l'adopta point ; l'Angleterre avait d'ailleurs, dès le principe, subordonné sa participation à la Conférence à l'exclusion de la garantie accordée aux câbles sous-marins en temps de guerre.

Cela nous amène à répondre à une question très controversée aujourd'hui encore et sur laquelle, à notre avis, toute règle formelle est nécessairement fausse. Un Etat peut-il, en temps de guerre maritime, détruire un câble sous-marin ? Il y a là une question de fait, étant donné l'importance considérable de la télégraphie sous-marine (2). Dès lors il est permis de faire abstraction des intérêts

---

Neuve, de Natal, de la Nouvelle-Galles du Sud, de la Tasmanie, de l'Australie du Sud, de Victoria, de Queensland, de la Nouvelle-Zélande.

(1) Les bâtiments doivent éviter de gêner les opérations de pose de câbles sous-marins ; de son côté, le navire poseur doit observer les règles relatives aux signaux maritimes afin de prévenir les abordages.

(2) Dans un avenir peu éloigné, la question des câbles sous-marins aura sans doute perdu une grande partie de son importance, puisque, grâce à la récente invention de la télégraphie sans fil de l'ingénieur Marconi, les continents seront reliés entre eux par des courants électriques concentrés sur les postes, à l'exclusion de tout autre poste électrique établi dans la sphère d'influence du transmetteur. Un essai concluant vient d'être fait à travers la Manche, durant un brouillard épais.

généraux du commerce quand les nécessités de la guerre le demandent. M. Renault pose à ce sujet trois règles qui peuvent se résumer ainsi :

1° Si le câble réunit deux parties du territoire belligérant ou deux territoires belligérants, l'ennemi peut le détruire.

2° Si le câble met en communication deux Etats neutres, il est à l'abri de tout.

3° Si le câble relie un territoire neutre à un Etat belligérant, on pourra seulement arrêter les communications.

Tout cela est fort mathématiquement établi ; mais les situations peuvent varier à l'infini qui permettront par exemple la destruction dans le second cas et l'interdiront dans le premier. Dans le troisième, la conduite partiale d'un neutre pourra fort bien motiver la destruction du câble.

La loi française du 20 décembre 1884 établit une distinction entre le délit de détérioration d'un câble sous-marin commis en pleine mer et celui qui est accompli dans les eaux territoriales. En pleine mer, « tous officiers commandant les bâtiments de guerre ou les bâtiments spécialement commissionnés à cet effet par l'une des hautes parties contractantes (1) », peuvent dresser procès-verbal de constatation ; le jugement appartient à l'Etat du navire délinquant. Dans les eaux territoriales, seuls les officiers commandant les navires de guerre français ou les autorités locales peuvent dresser les procès-verbaux (2), et la compétence appartient toujours à la justice française (3).

---

(1) Art. 3 de la loi du 20 décembre 1884.

(2) Art. 14 de la loi du 20 décembre 1884.

(3) Des lois analogues ont été votées dans la plupart des Etats. Citons seulement la loi grecque du 9 décembre 1885 (art. 10), la loi anglaise du 5 août 1885 (art. 5), la loi italienne du 1er janvier 1886 (art. 9), les lois portugaise, russe, etc.

§ 3. — BALISAGE

L'État ayant le droit d'assurer la sécurité de ses côtes, possède par là même celui de protéger les divers engins affectés au service de la navigation, bouées, balises et feux flottants. Il peut donc édicter des peines contre ceux qui, volontairement ou par imprudence, les détérioreraient, les mettraient hors d'usage ou les détourneraient de leur affectation.

Mais un État ne doit pas abuser de son pouvoir et prélever des taxes vexatoires sur les navires qui traversent ses eaux pour se rembourser des frais d'établissement de ces divers travaux qui, d'ailleurs, sont autant d'intérêt national que d'intérêt général.

Le droit existerait cependant pour un État de prélever une taxe dans le cas où l'entretien des travaux serait de nature à entraîner des frais extraordinaires. Le Danemark s'arrogea longtemps le droit de percevoir des taxes sur les navires qui traversaient le Sund et les Belt ; il en fit même un abus, ce qui motiva en 1848 des plaintes des États-Unis et des principaux États de l'Europe. Le Danemark résista longtemps, mais il finit par céder et le traité de Copenhague du 14 mars 1857, passé entre le Danemark et l'Autriche, la Belgique, la France, la Grande-Bretagne, les Pays-Bas, la Russie, la Suède, la Norwège, le Hanovre, les villes hanséatiques, entre autres dispositions, abolit les taxes qui frappaient la navigation à travers le Sund et les Belt. Toutefois, une indemnité de 30.476.325

rigsdalers devait être payée au Danemark par les États signataires.

Une loi française du 27 mars 1882 défend à tout commandant ou patron français ou étranger, d'amarrer son navire à une bouée, balise ou feu flottant ; défense également est faite de jeter l'ancre ou de stationner dans un certain rayon de l'un de ces engins, ce qui risquerait d'en cacher la vue à d'autres bâtiments ; exception est faite cependant pour le cas où une tempête ou une avarie forcerait le bateau à mettre à la cape on le condamnerait à l'immobilité. La sanction consiste dans l'amende ou l'emprisonnement.

La plupart des États maritimes ont édicté des règles analogues.

§ 4. — PILOTAGE

Beaucoup d'États imposent aux navires étrangers qui demandent l'accès de certains ports, l'obligation de prendre un pilote. C'est un droit qui ne peut leur être contesté. Mais des difficultés peuvent s'élever quand il s'agit, au cas où un accident quelconque de navigation se sera produit, de décider à qui incombera la responsabilité. En France, le commandant est seul responsable ; en Angleterre c'est le pilote. Nous estimons que cette dernière solution est la meilleure. Du moment que l'État impose au navire qui demande l'accès, l'usage d'un pilote, c'est évidemment qu'il entend décharger le capitaine : on admet d'ailleurs en général que, à partir du moment où le pilote est à bord, la direction lui appartient tout entière pour tout ce qui concerne la route à suivre.

La question a été résolue d'une manière générale par la Cour suprême de judicature, le 15 février 1887 (1).

SECTION QUATRIÈME

Cérémonial maritime

L'État s'est toujours montré particulièrement susceptible et exigeant au point de vue du respect dû à son territoire. La question du cérémonial maritime possède à ses yeux la plus grande importance ; il a le droit de le réglementer sévèrement sur toute l'étendue de sa mer territoriale.

Au temps passé, les mesures les plus vexatoires étaient souvent prises par les puissances afin d'assurer le respect de leur pavillon : il y avait là des abus qui ont disparu de nos jours, mais qui trouvaient une excuse dans les théories alors admises.

Le principe de la liberté des mers finit par prévaloir, le *mare liberum* de Grotius triompha du *mare clausum* de Selden, et le salut, qui était *obligatoire* au large, n'est plus qu'une affaire de simple courtoisie dépourvue de sanction.

Dans les eaux territoriales, l'Etat a le droit d'exiger l'application des règles du cérémonial maritime vis-à-vis de ses propres vaisseaux et des forteresses de la

---

(1) V. *Revue de Droit internat. maritime*, 1886, p. 726.

côte ; tout bâtiment de guerre étranger qui refuserait de s'y soumettre ferait une insulte grave à l'Etat riverain et s'exposerait à être bombardé après avertissement préalable.

De tous temps ces principes ont été reconnus. Le respect dû au territoire de l'Etat ne fut jamais contesté, même sous le règne de Louis XIV, où les prescriptions les plus sévères étaient données aux commandants et officiers de la marine royale relativement au cérémonial. En pleine mer les vaisseaux français devaient se faire saluer les premiers par les vaisseaux étrangers, et si ces derniers s'y refusaient, on avait le droit de les y contraindre par tous les moyens possibles. Or, une ordonnance du 2 juin 1688 prescrivait aux vaisseaux de Sa Majesté de saluer les premiers les places maritimes et les principales forteresses des rois ; le salut devait être rendu coup par coup.

Un traité de 1801, conclu entre la Russie et la Suède, porte, entre autres dispositions : « Devant les châteaux, forteresses et à l'entrée des ports, l'arrivant ou le partant salue le premier et ce salut lui est rendu coup par coup ».

De nos jours, ce sont les usages internationaux et les traités qui régissent la matière. Citons seulement celui du 2 mars 1865 entre l'Angleterre et l'Espagne au sujet du détroit de Gibraltar, qui a pour but de dispenser les navires anglais et espagnols de hisser le pavillon en traversant la zone dangereuse des forteresses. Il faut cependant remarquer que c'est là un cas exceptionnel et que la plupart des Etats se mon-

5

trent plus jaloux du respect dû à leur pavillon. Le traité de 1865 fut conclu dans un but de simplification ; mais, quelques années avant, un ordre royal espagnol du 25 novembre 1858 enjoignait au gouverneur militaire de Tarifa de tirer d'abord à blanc, puis à boulet sur les navires de commerce ou de guerre qui ne salueraient pas en hissant leur pavillon à portée de canon du fort.

L'article 9 du règlement autrichien du 20 mai 1866 formule la même règle : « Si un navire de guerre étranger, arrivé à portée de canon des fortifications du port, ne hisse pas son pavillon, l'ouvrage le plus rapproché doit tirer comme avertissement un coup à blanc et, après deux minutes, un coup à boulet devant la proue du navire ; si après trois minutes on n'y répond pas, il faut tirer à boulet sur le navire lui-même ». Cette réglementation est excessive : elle peut faire courir les plus grands dangers à un navire de guerre animé des meilleures intentions. Le coup d'avertissement peut n'être pas remarqué et l'obus du second coup, mal dirigé, au lieu d'aller tomber à l'avant de la proue peut fort bien atteindre le navire lui-même : les annales de la marine relatent des faits de ce genre. Tout au plus ce règlement pourrait-il être appliqué à très faible portée des côtes.

Le système en vigueur chez nous est plus conforme à la justice (1). Tout navire de guerre étranger qui

(1) V. Décret du 15 août 1851 sur le service à bord des bâtiments de la flotte.

refuserait le salut aux bâtiments français ou aux forts de la côte exposerait son gouvernement à de graves difficultés diplomatiques. Toutefois, le vaisseau dont le pavillon spécial indique la présence à bord d'un souverain ou d'un ambassadeur, a droit au premier salut.

Tout navire étranger dans les eaux territoriales d'un autre Etat est engagé d'honneur à respecter l'hospitalité qui lui est offerte. C'est une simple question de convenances. Il en résulte que certains faits pourraient être considérés comme des insultes à la nation souveraine : par exemple des fêtes ou des pavoisements destinés à célébrer l'anniversaire d'une victoire sur cette nation ; et, en général, « tout ce qui peut blesser le légitime amour-propre d'un Etat étranger ». (Règlement autrichien).

Il existe une coutume qui n'est que le corollaire des obligations que nous venons de citer : les navires étrangers pavoisent et tirent des feux de salve aux fêtes nationales des pays dans les eaux desquels ils stationnent. Il faut toutefois qu'ils en aient été officiellement avisés. La règle est nettement posée dans l'article 739 de notre décret du 15 août 1851.

SECTION CINQUIÈME

Droit de Juridiction

Pour faire l'étude de ce droit, il est essentiel de distinguer les baies, ports et rades, de la mer terri-

toriale proprement dite. L'Etat, maître absolu des
premiers comme de son territoire, ne saurait dominer
la seconde que dans la mesure nécessaire pour assurer
la sanction de ses différents droits sur cette partie de
la mer. Nous diviserons donc cette section en deux
paragraphes : le premier traitera du droit de juridiction de l'Etat sur les baies, ports et rades ; le
second, du droit de juridiction de l'Etat sur la mer
territoriale proprement dite.

§ 1. — JURIDICTION DE L'ÉTAT SUR LES BAIES, PORTS ET HAVRES

Le principe applicable est ici le même que sur le
territoire : l'Etat possède tous les droits. Il peut donc
à son gré ouvrir ou fermer ses ports, n'admettre
que les navires de telle ou telle nationalité, imposer
des formalités à l'entrée, édicter des lois de police
et de sûreté obligatoires pour tous.

Tel est le principe qui découle directement du droit
de souveraineté de l'Etat. Mais il est une règle de
droit international qui vient se mettre en conflit avec
lui : les navires de guerre sont considérés comme
portion de l'Etat auquel ils appartiennent ; ils jouissent
de l'immunité de juridiction. C'est une première exception. Ortolan, à ce sujet, s'exprime ainsi : « Lorsqu'il
est dans un port étranger (le navire de guerre), les
officiers, l'équipage et toute personne quelconque qui
se trouve à son bord, est censée être, et tout fait
passé à bord est censé passé sur ce territoire (1). »

_____

(1) Ortolan. *Diplomatie de la mer*, t. I, p. 187.

Les navires de guerre mouillés dans un port
étranger ne sont en aucune façon soumis aux lois
de l'Etat riverain ; tous crimes ou délits commis à
bord ne sont aucunement justiciables de son autorité ;
l'instruction et le jugement ne lui appartiennent pas.

Cette règle, adoptée par la majorité des auteurs, a
cependant été attaquée par Azuni et Lampredi. Azuni
s'exprime ainsi : « En voyant exercer les droits de
souveraineté jusqu'à la peine de mort par les commandants des vaisseaux armés en guerre dans les
ports et baies appartenant à une autre puissance,
quelques auteurs ont proclamé que l'on devait regarder
les vaisseaux comme territoire étranger par la raison
spécieuse que si l'endroit où se trouvent les vaisseaux de
guerre continuait d'être le territoire du souverain du port,
on ne pourrait pas exercer en sa présence et dans son
domaine des actes aussi complets de juridiction... Il
n'y a pas plus de solidité, selon moi, dans l'opinion
d'Hübner, qui prétend gratuitement et sans le prouver
qu'un navire en pleine mer doit être considéré comme
une partie du territoire du souverain dont il porte le
pavillon (1) ». Nous citons cette opinion seulement à
titre de document, mais sans vouloir nous attarder à
la réfuter, puisque le principe contraire est nettement
établi et reconnu.

Il faut toutefois remarquer que l'immunité de juridiction ne s'applique pas au cas où les officiers ou
l'équipage commettraient des actes contraires au droit

---

(1) Azuni. *Droit maritime de l'Europe*, chap. III, art. 7.

des gens. L'Etat riverain aurait parfaitement le droit de faire arrêter et juger l'officier étranger qui pénètrerait dans un port pour y faire des levés de plans, y prendre des photographies, etc. La même solution s'impose dans le cas où des officiers ou des hommes de l'équipage, se rendant à terre, en dehors de tout service commandé, y commettraient des délits (1). Si le principe de l'exterritorialité n'était pas admis, cela risquerait de porter de graves atteintes aux relations internationales. Quel est en effet l'Etat qui consentirait à voir ses navires de guerre passer de juridiction en juridiction suivant les hasards du voyage ? Le sentiment de sa dignité et de son indépendance ne saurait se plier à cet usage (2).

D'aucuns ont soutenu que cette règle était de droit naturel. Nous ne le pensons pas, car elle est en contradiction formelle avec le droit de souveraineté de l'Etat riverain ; elle repose d'ailleurs uniquement sur des sentiments réciproques de bonne amitié ; c'est un antique usage, une tolérance qui pourrait

---

(1) V. Cassat. 29 février 1868. Dalloz 1868, 1.412. — Renault, *Revue de Droit International*, t. XIV, p. 78.

(2) La conduite de nos marins à l'étranger peut influer puissamment sur les intérêts du gouvernement. « Pendant que nos marins, disait M. Guizot, portent la patrie sur nos vaisseaux à quatre mille lieues, est-ce qu'il ne reste pas ici la grande patrie ? Est-ce qu'il n'y a pas des intérêts généraux engagés dans leur conduite, dans leurs actes ? Est-ce qu'il n'y a pas ici trente-cinq millions de Français sur qui un seul acte de ce marin qui vogue à quatre mille lieues de son pays, peut exercer une influence décisive ? » (Séance de la Chambre des Députés du 1ᵉʳ mars 1844).

être révoquée. La discussion n'a d'ailleurs aucun intérêt puisqu'il est admis de tous que le navire de guerre n'est que la continuation, une portion flottante du territoire dont il porte le pavillon, et cela, quand il serait à des milliers de lieues de ce dernier. Il en résulte que le commandant du bord exerce un pouvoir qui lui est délégué par l'Etat auquel il appartient et qui, en aucun cas, ne peut être cédé à une autorité étrangère. Si une naissance se produit à bord, c'est le commandant qui fait fonction d'officier de l'état-civil ; s'il s'y commet un crime, un délit, c'est encore lui qui instruit l'affaire et le coupable est jugé par les magistrats de sa nationalité.

Que faut-il décider dans le cas où un criminel viendrait se réfugier à bord d'un navire de guerre étranger ? La question n'est point douteuse : les autorités riveraines n'auraient pas le droit de l'y poursuivre, mais il serait du devoir du commandant de ne point le recevoir. Si toutefois le criminel s'introduisait furtivement à bord, les formalités de l'extradition ne seraient pas nécessaires et le commandant devrait simplement, sur la demande de la justice du pays, le remettre à la police. On admet d'ailleurs que, dans ce cas, le criminel n'a point quitté le territoire de son pays.

Ce que nous venons de dire ne s'applique toutefois qu'aux crimes et délits de droit commun. Pour les réfugiés politiques, il en est différemment : le commandant peut les recevoir à bord, mais là s'arrête son droit ; le fait de prendre parti pour eux constituerait

une offense grave à la souveraineté de l'Etat qui lui
offre l'hospitalité et pourrait motiver de grosses difficultés diplomatiques.

Reste une dernière hypothèse qui a donné lieu à
de nombreuses controverses : Un commandant peut-il
recevoir à son bord des esclaves réfugiés ? Certains
auteurs ont répondu qu'il n'en avait pas le droit
quand l'esclavage existait dans le pays à l'état d'institution légale ; mais nous ne saurions admettre cette
solution. L'esclavage n'est pas compatible avec les
idées de la civilisation moderne, c'est un usage barbare
partout condamné : il serait donc inhumain de repous-
ser l'esclave qui se réfugie à bord.

L'Angleterre se range à cette idée et, dans les
instructions à la marine de 1878, il est dit : « Chaque
fois que vous aurez reçu un esclave fugitif dans votre
navire, et que vous l'aurez pris sous la protection du
pavillon britannique, que ce soit en dehors ou en
dedans des eaux territoriales, vous n'admettrez ni ne
discuterez aucune demande de restitution fondée sur
le motif que cet homme est en esclavage. »

Les navires de guerre en port étranger jouissent
donc d'une véritable autonomie. C'est une dérogation
au principe de la souveraineté de l'Etat sur son territoire. Remarquons toutefois que si le navire de guerre
venait à troubler, d'une manière quelconque, l'ordre
public ou menaçait la sûreté de l'Etat, le gouvernement
aurait le droit de lui intimer l'ordre de quitter le port.

Jouissent encore du bénéfice d'exterritorialité les

navires ou yachts de plaisance qui portent des souverains ou des ambassadeurs.

Certains traités internationaux ont étendu ce bénéfice d'exterritorialité aux paquebots chargés du service des dépêches. C'est ainsi qu'une convention entre la Grande-Bretagne et la France, du 3 avril 1843, porte dans son articls 7 : « Ces bâtiments (paquebots-poste) seront considérés et reçus dans les deux ports subventionnés (Douvres et Calais) et dans les autres ports où ils pourraient accidentellement aborder, comme vaisseaux de guerre et y jouiront des honneurs et privilèges que réclament les intérêts et l'importance du service qui leur est confié. »

L'article 6 de la convention postale du 4 septembre 1860 entre la France et la Sardaigne et l'article 6 de la convention postale conclue le 3 mars 1869 entre la France et l'Italie, sont ainsi conçus : « Lorsque les paquebots employés par l'administration des postes sarde (ou italienne) pour le transport des correspondances dans la Méditerranée, seront des bâtiments nationaux, propriété de l'Etat, ou frétés et subventionnés par l'Etat, ils seront considérés et reçus comme vaisseaux de guerre partout où ils aborderont régulièrement ou accidentellement, et ils y jouiront des mêmes honneurs et privilèges. »

Nos cours et tribunaux ont souvent eu à se prononcer sur des questions de ce genre. (Arrêt rendu par la Cour d'Aix, le 3 août 1885, dans l'affaire du *Solunto*, décidant qu'un navire italien en service postal dans la Méditerranée est insaisissable dans quelque port français qu'il fasse relâche en dehors de ses escales régulières) (1).

Le principe de l'immunité des navires postaux a été posé par l'art. 13 du traité constitutif de l'Union générale des postes, signé à Berne, le 9 octobre 1874. « Il est d'ailleurs utile, à raison des intérêts engagés et de la rapidité des correspondances, que la juridiction territoriale, en l'absence même de toute convention, n'intervienne qu'en face d'une nécessité impérieuse (2). »

L'art. 1, § 1 du traité de commerce et de navigation franco-espagnol, renferme les dispositions suivantes : « Les paquebots chargés d'un service postal et appartenant à des compagnies subventionnées par l'un des deux Etats ne pourront être, dans les ports de l'autre, détournés de leur destination, ni être sujets à saisie-arrêt, embargo ou arrêt de prince. »

De nombreux traités analogues ont été passés entre les différents pays. (V. convention entre la Grande · Bretagne et la Belgique du 17 février 1876, entre la Grande-Bretagne et le Danemark. du 26 juin 1846).

— Nous n'avons jusqu'à présent parlé que des navires de guerre en leur accordant, dans toute sa plénitude, le privilège de l'exterritorialité. La même solution devra-t-elle être admise en ce qui concerne les navires de commerce dans les ports étrangers ? A vrai dire, ces bâtiments ne représentent pas la puissance publique

---

(1) Hippolyte Guillibert. « De l'insaisissabilité dans les rapports internationaux des navires affectés au service postal. » *Journal du Droit international privé*, t. XII, p. 515.

(2) M. Bry, *Cours de Droit international public*, p. 208.

de l'Etat auquel ils appartiennent ; mais on les considère cependant comme une partie du territoire et à ce
titre ils ont droit à l'immunité de juridiction, mais
non à l'exterritorialité.

« Je pense, dit d'Hautefeuille (1), que la territorialité
leur appartient à tous les deux et au même degré.
Sans aucun doute le navire de commerce n'est pas
l'égal du navire de guerre ; sans doute il existe entre
eux une différence, mais cette différence n'est relative
qu'au rapport des bâtiments avec le pouvoir central ;
c'est une différence hiérarchique en quelque sorte, qui
ne touche en rien à la qualité du navire, qui n'affecte
pas sa position en quelque lieu qu'il se trouve. » Il
est difficile d'admettre une telle assertion, étant donné
que de grandes différences existent entre les navires de
guerre et ceux de commerce : ce n'est pas à dire que
tout soit à rejeter dans l'opinion d'Hautefeuille, mais
il commet une exagération en prétendant que les seconds
ont droit comme les premiers à l'exterritorialité. Ils
ont en réalité une situation intermédiaire qui, si elle
n'est pas celle des bâtiments de guerre, n'est pas non
plus celle des simples particuliers et qui laisse une certaine part d'attributions à deux souverainetés différentes : d'une part celle des eaux territoriales dans
lesquelles se trouve le navire ; d'autre part celle de
l'Etat dont il a la nationalité ; d'où il résulte que si

---

(1) D'Hautefeuille, *Droits et devoirs des nations neutres*, tit. VI,
ch. I, sect. 1, édition de 1848.
V. aussi Rocco, *Diritto civile internazionale*, t. III, p. 347.

-le navire de commerce est soumis aux lois et aux autorités de police et de juridiction locales, ce n'est qu'avec un certain partage, selon les objets dont il s'agit, sous certaines restrictions et avec des conditions de forme (1).

. Diverses opinions ont été émises au sujet de la juridiction qu'il faut appliquer aux navires de commerce dans les eaux territoriales. Voici les principales :

a/ Les navires de commerce dépendent de la juridiction des ports où ils sont mouillés.

C'est la théorie admise par les jurisprudences anglaise et américaine et par l'Institut de Droit International dans sa session de Paris (mai 1894). C'est aussi l'opinion de Wheaton : « Les bâtiments marchands d'un Etat quelconque entrés dans les ports d'un autre Etat, ne sont nullement exempts de la juridiction locale à moins d'une convention expresse (2) ». Nous ne saurions adopter une telle solution. Ceux qui la soutiennent se basent sur ce fait que le navire marchand, quand il demande l'entrée d'un port étranger, sait sous l'empire de quelles lois il se range. Dès lors il adopte implicitement la juridiction du pays qui lui accorde l'hospitalité. Il est de l'intérêt de son souverain qu'il en soit ainsi puisque le navire de commerce n'est pas engagé dans les affaires publiques. Ce raisonnement nous semble contraire à la réalité des choses. Et, d'abord, est-il bien vraisemblable qu'un

---

(1) Ortolan, *Diplomatie de la mer*, t. I, p. 204.
(2) Wheaton, *Eléments de Droit international*, t. I, p. 2, ch. 2, § 9, p. 119, quatrième édition.

navire accepte de plein gré ces changements incessants de juridiction suivant les divers pays où se font ses escales ? De plus, quel souverain s'opposera jamais à l'extension de sa souveraineté ; n'a-t-il pas toujours intérêt à ce que celle-ci soit reconnue de tous ?

b/ Une autre opinion veut que la juridiction locale soit totalement incompétente ; le navire de commerce est justiciable des autorités du pays dont il porte le pavillon.

Ces deux opinions sont également en dehors de la vérité ; l'une et l'autre tombent dans l'exagération. On ne peut évidemment assimiler le navire de commerce au navire de guerre, mais il serait injuste de l'isoler complètement, de le laisser pour ainsi dire à la merci des autorités locales. D'ailleurs, l'organisation de chaque navire est régie par les lois de son pavillon ; le capitaine qui le commande est muni d'un brevet délivré par son gouvernement ; l'équipage appartient à l'inscription maritime. C'est de ces idées que s'inspire la jurisprudence française en adoptant une troisième opinion beaucoup moins catégorique que des deux autres et beaucoup plus juste.

c/ La jurisprudence française (1), adoptée par toutes les nations sauf par la Grande-Bretagne, décide que l'autorité locale ne doit jamais s'ingérer dans les affaires du bord, pas même en cas de délit, tant que la tran-

_____

(1) Cassation, 25 février 1859. Dalloz, 1859, 1ʳᵉ partie, p. 88. Alger, 19 août 1873. Sirey, 1874.2, p. 282. Conseil d'Etat, 20 novembre 1806. *Bulletin des Lois*; 1806, n° 126, p. 602.

quillité du port n'est pas compromise ou que son
secours n'est pas demandé. C'est la décision fameuse
du Conseil d'Etat du 20 novembre 1806 qui règle la
question : « Le Conseil d'Etat, considérant qu'un vaisseau neutre ne peut être indéfiniment considéré comme
lieu neutre et que la protection qui lui est accordée
dans les ports français ne saurait dessaisir la juridiction territoriale pour tout ce qui touche aux intérêts
de l'Etat ; qu'ainsi le vaisseau neutre admis dans un
port de l'Etat est de plein droit soumis aux lois de
police qui régissent le lieu où il est reçu ; que les gens
de son équipage sont également justiciables des tribunaux du pays pour les délits qu'ils y commettraient,
même à bord envers les personnes étrangères à l'équipage, ainsi que pour les conventions civiles qu'ils pourraient faire avec elles ; mais que si jusque là la juridiction
territoriale est hors de doute, il n'en est pas ainsi à
l'égard des délits qui se commettent à bord du vaisseau
neutre de la part d'un homme de l'équipage neutre
envers un autre homme du même équipage ; qu'en
ce cas, les droits de la puissance neutre doivent être
respectés comme s'agissant de la discipline intérieure
du vaisseau, dans laquelle l'autorité locale ne doit
pas s'ingérer toutes les fois que son secours n'est pas
réclamé ou que la tranquillité du port n'est pas compromise (1) ».

_____

(1) Un arrêt de la Cour de Cassation (25 février 1859. Dalloz;
Rec. Pér., 1859, 1.88) décide que l'Etat riverain est compétent
« lorsque le fait commis à bord constitue un crime de droit
commun que sa gravité ne permet à aucune nation de laisser

Perels (*Droit International maritime*) a formulé très clairement le principe : Les autorités locales ne peuvent intervenir que si les désordres commis à bord sont de nature à troubler la paix et l'ordre public dans le pays ou dans le port, ou si un indigène ou une personne n'appartenant pas à l'équipage y a pris part. Dans tous les autres cas, les susdites autorités doivent se borner à prêter assistance aux consuls, vice-consuls et agents consulaires sur la réquisition de ceux-ci, lorsqu'ils jugent nécessaire qu'un individu porté sur le rôle de l'équipage soit arrêté, ramené à bord ou détenu à terre. Si l'arrestation doit être maintenue, lesdits fonctionnaires doivent en donner, dans le plus bref délai, avis aux autorités compétentes.

Les cas qui se présentent ne donnent lieu en général à aucune difficulté d'appréciation : on peut les classer dans un petit nombre de catégories que nous allons étudier rapidement :

1° *Manquements à la discipline du bord*. — De quel

impuni sans porter atteinte à ses droits de souveraineté juridictionnelle et territoriale, parce que le crime est par lui-même là violation la plus manifeste comme la plus flagrante des lois que chaque nation est chargée de faire respecter dans toutes les parties de son territoire. » Mittelstein, dans *Zeitschrift für internationales Privatrecht*, 1891, p. 665, déclare *insignifiant* ce considérant. Mais Renault (*Revue de la Jurisprudence Française*, dans la *Revue de Droit international et de législation comparée*, t. XIV (1882), p. 80, et Rostworowski (*Annales de l'Ecole libre des sciences politiques*, 1895, p. 45) attachent à cet arrêt une très grande importance, car il élargit le cadre étroit de l'avis de 1806 pour étendre le champ d'action de la justice locale.

droit l'Etat interviendrait-il ici ? Quel dommage résulte pour lui du délit commis ? Il y a là une faute contre la discipline, faute qui peut être très grave mais dont la portée expire aux limites du navire.

Les actes d'insubordination qui présentent une réelle gravité sont portés devant le tribunal consulaire du port, composé du consul ou vice-consul, président, et de deux assesseurs choisis généralement parmi les capitaines de navire de même nationalité (1). Les conventions entre Etats règlent le lieu où la peine sera subie.

2° *Actes d'état-civil de l'équipage.* — Il ne peut y avoir ici aucune difficulté. Un Etat n'a d'intrérêt à s'immiscer que dans les actes d'état-civil de ses nationaux. Pour ce qui concerne les étrangers, la constatation et la régularisation appartiennent au consul de leur pays d'origine.

3° *Difficultés entre le capitaine, les matelots et les passagers.* — Ces différends sont du ressort de la loi nationale du navire. Il y aurait de réels inconvénients à les porter devant la justice riveraine, dont l'inter-

---

(1) Tout récemment, des faits graves d'insubordination s'étant produits à bord du vapeur anglais *Susquehanna,* le consul d'Angleterre à Marseille (où ce navire faisait escale) eut à juger les délinquants. Le tribunal se composait du consul, président, et de deux assesseurs que ce dernier choisit parmi les capitaines de bâtiments britanniques mouillés à Marseille.

L'Institut de Droit Internation., dans sa session de Copenhague (*Annuaire de l'Institut de Droit International,* t. XVI, p. 222-220) a décidé, dans son article 31, que l'autorité locale devrait s'abstenir d'intervenir *au cas d'infraction à la discipline et aux devoirs professionnels des marins.*

vention en pareil cas ne se comprendrait guère puisqu'il s'agirait d'appliquer une loi étangère. Certains Etats ont d'ailleurs pris des mesures pour empêcher la partie plaignante de recourir à cette intervention. L'ordonnance allemande du 27 décembre 1872 porte dans son article 5 : « Le matelot ne peut pas attraire le patron devant un tribunal étranger ; s'il le fait, il n'est pas seulement responsable du dommage qui peut en résulter, mais il perd son droit au salaire qui lui est dû jusqu'alors. »

4° *Crimes et délits de droit commun commis à bord par un homme de l'équipage sur le patron ou sur un autre matelot de l'équipage. — Autre cas : l'auteur et la victime sont étrangers à l'équipage.*

Dans le premier cas, une question se pose ; selon la réponse qui sera faite, la justice souveraine sera ou non compétente. La tranquillité du port a-t-elle été compromise ? Si oui, le coupable pourra être immédiatement appréhendé par la police de l'Etat maître du port et jugé selon le droit commun. Si non, les autorités territoriales sont dépourvues de tout droit ; elles ne pourront agir que sur la réquisition du consul du pavillon.

Voici la règle qui s'impose : l'Etat ne doit intervenir que lorsqu'il y est intéressé, c'est-à-dire quand la tranquillité du port est troublée. C'est ce qui résulte de l'avis du Conseil d'Etat du 20 novembre 1806 dont nous avons, plus haut, cité les considérants. Voici à quelle occasion fut rendu cet arrêt : Une rixe ayant eu lieu dans le port d'Anvers sur un

canot du navire américain *Newton*, entre deux matelots du bord, l'autorité locale voulut intervenir, mais
le consul du pavillon s'y opposa, réclamant l'instruction et le jugement de l'affaire. A la même époque,
un fait analogue se passait dans le port de Marseille :
le second du navire *Sally* blessait grièvement un
de ses hommes pour un manquement au service ; la
justice française fut encore écartée de la connaissance
de l'affaire par le consul américain. On décida de
porter le litige au Conseil d'Etat, qui rendit l'arrêt
célèbre de 1806. Le consul d'Amérique recevait gain
de cause.

L'art. 22 de l'ordonnance du 29 octobre 1833 ne
fait que reproduire l'arrêt de 1806 (1). Voici en quels
termes il est conçu : « Lorsque des voies de fait, délits ou
crimes auront été commis à bord d'un navire français en rade ou dans le port par un homme de
l'équipage envers un autre homme du même équipage
ou d'un autre navire français, le consul réclamera
contre toute tentative que pourrait faire l'autorité
locale d'en connaître, hors le cas où, par cet événement, la tranquillité du port aurait été compromise.
Il invoquera la réciprocité des principes reconnus en
France à cet égard par l'acte du 20 novembre 1806
et fera les démarches convenables pour obtenir que la
connaissance de l'affaire lui soit remise afin qu'elle
soit ultérieurement jugée par les lois françaises. »

— Un second cas reste à envisager : *L'auteur et*

(1) Recueil de Duvergier, t. XXXIII, p. 499.

la victime sont étrangers à l'équipage. Ici, point de doute possible, la compétence appartient à l'autorité riveraine. C'est ce qui ressort nettement de la lettre adressée le 12 septembre 1856 par le ministre de la marine aux préfets maritimes (1) motivée par l'affaire suivante : Un pilote français ayant été brutalisé par les officiers à bord d'un navire américain, porta plainte contre ceux-ci ; mais le procureur impérial du Havre déclina la compétence française, le consul américain réclamant d'ailleurs la connaissance de l'affaire. Le ministre des affaires étrangères, d'accord en cela avec le ministre des Etats-Unis à Paris, fit savoir que la juridiction consulaire ne pouvait être étendue aux crimes et délits ou aux différends dans lesquels se trouvaient engagées des personnes étrangères à l'équipage. Un jugement du tribunal du Havre du 24 juillet 1856 condamna l'officier coupable à la peine de l'emprisonnement.

La jurisprudence ne se montre pas toujours d'accord avec l'arrêt de 1806 : C'est ainsi que la Cour d'Alger par un arrêt du 19 août 1873 (2), a décliné compétence dans une affaire où la victime était un Français, sous l'unique prétexte que la tranquillité du port n'avait pas été troublée.

Le principe posé par l'arrêt du Conseil d'Etat de 1806 a été consacré par de nombreux traités (France et Russie du 1er avril 1874, art. 11. ; du 14 juin 1875, art. 17. —

(1) *Bulletin officiel de la Marine*, 1856, 1re partie, p. 864.
(2) Sirey, 1874, 2. p. 282.

Brésil et Pays-Bas, 27 septembre 1878. — Belgique et
Brésil, 30 novembre 1883, etc.)

Est-il besoin d'ajouter que l'Angleterre s'est toujours
refusée à appliquer ce principe et qu'elle se déclare compétente même au cas où les faits délictueux ou criminels
commis par les hommes de l'équipage n'ont aucunement
troublé la tranquillité du port?

En 1857 le capitaine en second du vapeur américain
James-L.-Brogart, amarré dans la Mersey, brutalisa et
blessa un matelot révolté ; la Cour du comté de Chester
instruisit l'affaire et condamna l'officier à la déportation
perpétuelle. (Ce fait est rapporté dans le *Moniteur Uni-
versel* du 19 avril 1857.)

Il est d'usage que les commandants des navires de
commerce demandent le secours des commandants des
vaisseaux de guerre de même nationalité ancrés dans
le même port, quand cela est nécessaire, particulièrement en cas d'indiscipline à bord.

Les principes que nous venons d'exposer sont applicables à bien des cas que nous ne pouvons examiner en
détail. C'est ainsi que l'Etat riverain a le droit de faire
arrêter à bord des navires de commerce amarrés dans un
port les criminels qui y ont cherché refuge, quels qu'ils
soient (même les réfugiés politiques). Il est de toute évidence que l'évasion d'un criminel est une atteinte portée
à la souveraineté territoriale, à la tranquillité du port.

Il nous semble juste, malgré l'opinion contraire de
nombreux auteurs, de décider que tout capitaine ou officier de navire de commerce ancré dans un port, qui aura
donné volontairement refuge à un criminel ou ·déser-

teur, sera, pour ce fait, justiciable des tribunaux de l'Etat riverain sans que cela puisse soulever les protestations du consul du pavillon (1). En aucun cas la présence ou même l'autorisation du consul ne seront nécessaires pour opérer l'arrestation à bord. Il existe toutefois des conventions contraires en faveur de l'Espagne, de la Suède et de la Norwège (2) ; les consuls de ces deux puissances devront être prévenus ; ils pourront assister mais sans avoir le droit de s'opposer aux perquisitions.

§ 2. — JURIDICTION DE L'ÉTAT SUR LA MER TERRITORIALE PROPREMENT DITE

Dans la mer territoriale ou littorale les droits de l'Etat sont loin d'être aussi étendus que sur les ports, havres et rades ; sur cette partie de la mer il ne conserve que les droits propres à assurer la sécurité de son territoire ; il ne pourra donc intervenir que pour sauvegarder ses intérêts essentiels (pêche, contrebande, santé, hostilités, etc.). Nous ne nous occuperons pas ici des navires de

---

(1) Les navires marchands ne doivent pas s'immiscer dans les affaires intérieures d'un Etat étranger. Rappelons à cet égard un fait historique bien connu : Le navire sarde *Carlo-Alberto* ayant débarqué clandestinement à Marseille la duchesse de Berry, fut poursuivi par le *Spchinn* et confisqué dans le port de La Ciotat avec son équipage et ses passagers. La Cour d'Aix, par arrêt du 6 août 1832, annula ces arrestations, mais la Cour de Cassation cassa cet arrêt et l'affaire ayant été renvoyée devant la Cour d'assises de Montbrison, le jury acquitta les prévenus et le *Carlo-Alberto* fut restitué à son propriétaire.

(2) Traité du 2 janvier 1868, art. 6, avec l'Espagne. Déclaration du 18 décembre 1852 en faveur de la Suède et de la Norwège.

guerre : si dans les ports d'un Etat étranger ils jouissent du bénéfice d'exterritorialité, *a fortiori* sont-ils complètement indépendants dans les eaux territoriales proprement dites.

On peut se demander s'il y a lieu d'appliquer l'arrêt du Conseil d'Etat de 1806 aux navires de commerce voyageant dans la mer territoriale ? La question a été vivement controversée et d'aucuns ont prétendu que les principes de l'arrêt étaient pleinement applicables. A notre avis, la juridiction territoriale ne pourra s'étendre qu'aux faits concernant le cabotage, la pêche côtière, la police de sûreté, la police sanitaire, le contrôle de la douane, la police de navigation ; mais on ne saurait justifier son intervention dans les crimes et délits commis dans la mer littorale, quand bien même ils auraient eu un *résultat extérieur*. Nous avons vu en effet que sur cette partie de la mer l'Etat n'avait qu'un simple droit de juridiction et non de propriété ; ce principe est reconnu par la majorité des auteurs.

Selon Bluntschli (1) « les navires qui se bornent à longer les côtes d'un Etat dans la partie de la mer qui fait partie du territoire de ce dernier, sont soumis temporairement à la souveraineté de cet Etat, *en ce sens* qu'ils doivent respecter les ordonnances militaires ou de police prises pour la sûreté de son territoire ou de la population côtière. »

Nüger (2) s'exprime ainsi : « L'Etat riverain ne peut

_____

(1) *Droit international codifié*, a, 322 et note.
(2) Nüger. *Des droits de l'Etat sur la mer territoriale*, p. 347.

prétendre en aucune façon connaître des crimes ou des délits commis dans les limites de la mer territoriale, quand ils n'ont pas pour conséquence d'apporter du trouble à l'exercice de ses droits sur cette partie de la mer ; et cela sans qu'il y ait lieu de distinguer si l'infraction commise à bord du navire est purement intérieure ou a un résultat à l'extérieur ».

L'Etat possède donc certains droits *strictement limités* sur sa mer territoriale ; en dehors de ces droits, la navigation y est libre comme sur la haute mer.

Nous avons déjà parlé du célèbre *Territorial waters juridiction act* de 1878, prétention exorbitante du gouvernement anglais qui constitue une violation des règles du droit des gens. Ce bill proclame la compétence des tribunaux anglais pour tout crime ou délit commis dans les eaux territoriales, que ce soit dans la mer nationale ou dans la mer territoriale proprement dite. En voici les principaux articles :

Art. 2. Une infraction commise par un individu, sujet ou non de Sa Majesté, en pleine mer, dans les eaux territoriales des possessions de Sa Majesté, tombe sous la juridiction de l'amiral, quand même elle aurait été commise à bord d'un navire étranger ou au moyen d'un navire étranger. En conséquence, l'auteur de cette infraction pourra être arrêté, jugé, puni.

Art. 3. Les poursuites prévues par l'article précédent n'auront lieu toutefois qu'avec le consentement de l'un des principaux secrétaires d'État de Sa Majesté et sur sa déclaration d'opportunité des poursuites. Cette réglementation ne concerne pas les navires de guerre.

Cette réglementation unique fut proposée et adoptée à la suite de l'affaire de la *Franconia*. Au mois de février 1876, le navire allemand *Franconia* abordait le navire anglais *Strathclyde* à une lieue marine environ de Douvres. Le capitaine de la *Franconia* ayant inconsidérément abordé à Douvres, fut traduit devant le « Central criminal Court » sous la prévention d'homicide par imprudence. Il fut reconnu coupable par le jury. Mais le juge déféra la question de droit devant la Haute Cour (*Court for the consideration of Crown cases reserved*) qui, à la majorité, déclara acceptable l'exception d'incompétence présentée par le capitaine de la *Franconia* (1). Il y avait dans cet arrêt une erreur de droit. Les juges de la Haute Cour ne mentionnaient que deux cas où la souveraineté de l'État s'étendît sur les hautes eaux jusqu'à la distance de trois milles : ils parlaient de la *défense* et de la *sécurité* du territoire, mais ils oubliaient d'ajouter la *défense de ses intérêts vitaux* sur cette partie de la mer. Et cela eut pour déplorable conséquence d'amener le bill du 16 août 1878 qui, malgré les objections de sir Charles Bowyer, fut voté à une forte majorité. Le sollicitor général, sir Hardinge Giffard et sir William Harcourt, affirmèrent d'ailleurs que le bill était depuis longtemps réclamé par tous et conforme aux règles du droit international.

---

(1) La Haute Cour se composait de quatorze juges, parmi lesquels : le lord chief-justice d'Angleterre, le lord chief-justice des plaids communs, le lord chief baron de l'Echiquier, sir Phillimore, juge de la Haute Cour d'Amirauté.

Cette loi monstrueuse provoqua des protestations de la part des grandes puissances européennes et des publicistes les plus remarquables (1). Sir Travers Twiss (2), avant même que le bill fût voté, le considérait comme exorbitant dans ses conséquences puisqu'il permettrait à l'Angleterre d'interdire, quand bon lui semblerait, la navigation étrangère sur la partie la plus fréquentée du canal étroit.

Perels (3) juge abusives les prétentions du gouvernement anglais ; il les condamne énergiquement comme étant en désaccord avec les règles du droit international.

Certains auteurs ne croient pas devoir porter d'appréciations sur le bill de 1878. C'est ainsi que M. Arthur Desjardins (4) en France et le publiciste italien Pasquale

---

(1) En Angleterre, le bill fut, dès son origine, très violemment critiqué par sir Charles Bowyer, à la Chambre des Communes (*Hausard's Parliamentary Debates*, 12 et 15 août 1878), par sir Travers Twiss (*Law Magazine*, mai 1877), Hall (*International law*, p. 171, et « International law and acts of Parliament », dans *Law Quarterly Review*, 1893, p. 142), Woolsey (*Introduction to the study of international law*, p. 72). — En France, la plupart des jurisconsultes et des publicistes sont d'accord pour blâmer l'*act* de 1878. V. Imbart Latour (*La mer territoriale*, p. 313 et suiv.), Bonfils (*Manuel de droit international public*, n° 628), Pradier-Fodéré, Renault, etc. — En Allemagne, ses principaux adversaires sont: Heffter Geffken, (*Vœlkerrecht*, 8ᵉ Auflage, p. 180), Perels, (*Das internationale œffentliche Seerecht*, p. 91). — En Belgique, V. Rivier, (*Principes du droit des Gens*, t. I, p. 149).

(2) *Law Magazine*, numéro de mai 1877.

(3) *Droit maritime international*, p. 98 et 99.

(4) *Traité de Droit maritime commercial*, n° 5, t. I, p. 10.

Fiore (1) se bornent à rapporter les dispositions du *Territorial waters juridiction act* sans les commenter.

Le législateur anglais lui-même a bien perçu l'erreur dans laquelle il était tombé ; l'injustice du bill a dû lui apparaître flagrante, car il y a une dernière clause d'après laquelle le *Territorial act* ne sera pas applicable de plein droit : « Les poursuites ne pourront avoir lieu qu'avec le consentement de l'un des principaux secrétaires d'État de Sa Majesté ». Singulière disposition qui permet à un gouvernement d'apprécier la loi !

Quoi qu'il en soit, nous croyons, malgré les opinions contraires d'Ortolan (2), de Faustin Hélie (3) et de Fœlix (4), que l'Etat n'a sur sa mer territoriale que des droits bornés, que, en dehors de ces droits, la mer territoriale est assimilable à la haute mer et non au territoire.

Il est à souhaiter que cette question soit rapidement réglée dans un accord international sur les bases de l'art. 6 arrêté par l'Institut de Droit international de 1894, qui est ainsi conçu : « Les crimes et délits commis à bord des navires étrangers de passage dans la mer territoriale, par des personnes qui se trouvent à bord de ces navires sur des personnes ou des choses

---

(1) *Nouveau Droit international public,* traduction Ch. Antoine, 1885, n° 803.

(2) J. Ortolan. *El. de Droit pénal,* § 929.

(3) Faustin Hélie. *Traité de l'Instruction criminelle,* § 126, t. II p. 509.

(4) Fœlix. *Traité de Droit international privé,* § 543. t. II, p. 260.

à bord de ces mêmes navires, sont, comme tels, en dehors de la juridiction de l'Etat riverain, à moins qu'ils n'impliquent une violation des droits ou des intérêts de l'Etat riverain ou de ses ressortissants ne faisant partie ni de l'équipage, ni des passagers (1) ».

---

(1) On a quelquefois tenté d'attribuer compétence à l'Etat riverain dans le cas où le crime ou délit pourrait être aperçu du rivage Voir dans ce cas : Fiore *(Traité de Droit international pénal,* traduction Antoine, § 13) ; Jarry *(Crimes et Délits commis dans les eaux étrangères,* p. 287). Une pareille manière de procéder serait pleine d'incertitudes et risquerait de provoquer des difficultés sans nombre, étant donnés les différents degrés d'acuité visuelle, les variations atmosphériques, etc.

CHAPITRE II

Devoirs de l'Etat sur la mer territoriale en temps de paix

Les devoirs qui incombent à l'Etat sur sa mer territoriale peuvent se ranger en deux catégories que nous étudierons dans les deux sections suivantes :

1° Secours et assistance ;
2° Liberté de la navigation.

SECTION PREMIÈRE

Devoirs de Secours et d'Assistance

Il est de toute justice qu'un Etat qui s'attribue sur sa mer territoriale des droits et des prérogatives, qui les fait reconnaître des autres nations, ait à son tour une certaine somme d'obligations, de devoirs réciproques à remplir. Quel est d'ailleurs le droit qui n'implique pas la notion de devoir ? Nous ne parlons pas ici des peuples sauvages qui, vivant en dehors de toutes relations avec le monde civilisé, ne réclamant aucune suprématie sur la partie de mer qui avoisine leurs côtes, ne sont tenus par là même à aucun devoir. Pour eux, la mer est un vaste champ d'exploi-

tation, leurs instincts de rapine cherchent à s'y assou-
vir, tout ce qu'apporte le flot est pour eux une proie.

Dans l'antiquité, le droit d'épave était presque
universellement pratiqué ; les naufragés étaient faits
prisonniers et relâchés seulement après paiement d'une
rançon, tous leurs biens étaient pillés. Une pratique
plus barbare, usitée paraît-il encore sur certaines côtes
inhospitalières, consistait à éteindre les feux dans les
nuits d'orage ou à les déplacer afin de provoquer des
naufrages. Ces coutumes monstrueuses furent celles
de presque tous les Etats maritimes de l'Europe durant
le Moyen Age. Les Souverains Pontifes (1) et les rois
essayèrent bien de lutter contre elles ; mais tous leurs
efforts ne parvinrent pas à les déraciner.

Les rôles d'Oléron (art. 25 et 31) édictaient des
peines très sévères contre les pilotes faisant échouer
les navires qui réclamaient leur assistance : « Si le
seigneur maître du rivage est assez méchant et cruel
pour tolérer de pareils gens, les protéger et prendre
part à leurs crimes, il doit être arrêté, tous ses biens
doivent être confisqués et vendus pour indemniser ceux
qui ont droit à l'être. Lui-même doit être attaché à
un poteau au milieu de sa maison, aux quatre coins
de laquelle le feu doit être mis ; tout doit être brûlé,
les murs seront renversés à ras de terre et l'on doit
faire de cet endroit une place publique servant à
perpétuité de marché aux cochons... Si un navire

---

(1) Les conciles de Rome en 1078 et de Latran en 1179
prononcèrent l'anathème contre ceux qui exerçaient le droit
d'épave.

échoue sur une côte et si l'équipage, cherchant à se
sauver, aborde à terre à demi noyé et espère que l'on
viendra à son secours, s'il arrive alors — car on
rencontre de semblables hommes — qu'il y ait des
gens si inhumains, si cruels, si méchants que des
chiens enragés, qui tuent les malheureux pour s'emparer de leur argent, de leurs vêtements et de leurs
autres objets, le seigneur du lieu doit arrêter ces gens,
les châtier sur leurs corps et leurs biens, les plonger
dans la mer jusqu'à ce qu'ils soient à moitié morts,
puis les en retirer et les lapider comme des loups ou
des chiens enragés. »

L'ordonnance de la marine de Louis XIV, en 1681,
opéra une révolution dans cet état de choses. Au droit
d'épave se substitua le droit de sauvetage, les *naufrageurs* furent frappés de mort. Tous les Etats, dès lors,
se préoccupèrent des mesures à prendre pour prêter
aux navigateurs secours et assistance. Les usages
barbares et cruels d'autrefois firent place aux dévoue-
ments les plus désintéressés (1).

D'après l'ordonnance de 1681, le sauvetage dans les
eaux territoriales ne donne lieu qu'à une indemnité

---

(1) *Perels*, p. 154 : « L'ancien droit d'épave a été remplacé par
un droit d'assistance et de salvage ; les personnes et les biens
naufragés sont placés sous la protection de l'Etat. Toutefois
l'Etat n'a pas toujours un pouvoir suffisamment efficace et on
ne peut nier qu'il ne se rencontre encore fréquemment, sur
le littoral des pays d'Europe, des réminiscences de l'ancien
droit d'épave. Un grand nombre de traités assurent récipro-
quement aux naufragés des Etats contractants asile et secours
et les assimilent aux nationaux en ce qui concerne le droit de
sauvetage. »

proportionnée à la difficulté du sauvetage et au service rendu (1). Le sauveteur n'a droit qu'au tiers des objets sauvés en pleine mer.

D'après une ordonnance du 15 juin 1735, le sauveteur a droit à la totalité de l'objet trouvé en pleine mer ou dans les eaux territoriales quand il n'existe plus aucun indice permanent de l'objet naufragé à la surface des eaux.

Une loi du 26 nivôse an VI a porté aux 2/3 le droit de sauvetage en pleine mer quand il s'agit d'une propriété ennemie.

Dans les mers territoriales, on applique en général, pour la fixation du droit de sauvetage, la loi de l'Etat riverain (2).

La plupart des nations ont aujourd'hui une réglementation spéciale à ce sujet : mais il est de principe général que tout navire de guerre doit porter secours et assistance aux navires en danger, à quelque nationalité qu'ils appartiennent. On réserve le soin de

---

(1) Cette indemnité est aujourd'hui réglée par la loi nationale du sauveteur si celui-ci trouve le navire en pleine mer, ou par la loi de la situation s'il le rencontre dans les eaux territoriales. (V. Demangeat. « *De la loi à appliquer dans le règlement de l'indemnité due pour le sauvetage d'un navire accompli en pleine mer par un navire de nationalité différente.* » *Journal du Dr. Intern. privé,* t. XII, 1885, p. 143).

(2) Lyon-Caen. *Etudes de Droit Intern. privé maritime,* n° 63. Cass. 16 mai 1888.

Les Congrès internationaux d'Anvers en 1885 et de Bruxelles en 1888 ont proposé que l'indemnité fût fixée d'après la loi de l'assistant. (*Journal de Droit International privé,* t. XII, p. 636, 889.)

sauvegarder les intérêts en péril au consul de la nation à laquelle appartient le navire naufragé. (De Clercq, t. XII, p. 404).

Les *Queen's regulations* anglaises, § 1954, renferment cette disposition : « All officers of Her Majesty's ships are to afford every possible aid to vessels in danger, distress, or in want of casual assistance and in saving life » ; mais il faut remarquer que ces services ne sont pas désintéressés puisque les officiers et l'équipage ont droit à des primes et à des indemnités, ce qui n'existe pas chez nous (2).

Aux Etats-Unis, en cas de mauvais temps, des croisières peuvent être envoyées sur le littoral avec mission spéciale de sauver les navires en danger alors qu'il n'y a lieu à aucun droit de sauvetage.

En Allemagne, il n'y a pas d'indemnité de sauvetage, mais pour stimuler le zèle et le dévouement des marins et de leurs chefs, on accorde une prime proportionnée aux difficultés du sauvetage.

Quant aux *naufrageurs, aux pilleurs d'épaves,* la plupart des législations édictent contre eux des peines sévères. (V. Code pénal allemand, article 322.)

Nous avons eu l'occasion de parler de la situation

---

(2) Tout récemment encore (25 avril 1899), la Cour de l'Amirauté a condamné les propriétaires du bateau français *Elise* à payer la somme de 6.000 livres sterling à l'armateur, au commandant et à l'équipage du navire anglais *Northumbria*. L'*Elise*, incendiée en Méditerranée et abandonnée de tout son équipage, avait été secourue au mois de décembre par la *Northumbria*. Ajoutons que cet exemple est loin d'être isolé chez nos voisins.

particulière du détroit de Magellan : dans ce détroit, le Chili entretient un navire destiné à secourir les bateaux en danger. La République Argentine agit de même sur les côtes de la Terre-de-Feu.

L'Etat doit-il aller plus loin dans cette voie et être rendu responsable de la sécurité de la navigation dans ses eaux ? Un projet dans ce sens fut émis dans une des séances de l'Institut de Droit International en 1894, mais il fut repoussé. On considéra justement que l'adoption d'un tel principe pourrait donner lieu à des dommages-intérêts à la charge de l'Etat en cas de naufrage. Il faut décider toutefois que les Etats riverains ont le devoir d'établir des phares sur tous les points de leurs côtes dangereux pour la navigation : c'est une règle d'humanité qui s'impose.

Parmi les traités ou règlements se rapportant au devoir de secours et d'assistance, nous citerons un traité du 22 février 1856, art. 12, conclu entre la France et le Honduras ; un arrêté du ministre du Commerce d'Autriche du 1er décembre 1880 ; une disposition du Code italien de la marine marchande (tit. II, ch. XII).

Signalons aussi certains traités garantissant aux sujets des Etats contractants aide et protection et les assimilant aux nationaux en ce qui concerne le droit de sauvetage, notamment la convention consulaire entre l'Allemagne et les Etats-Unis d'Amérique du 11 décembre 1871 ; le traité d'amitié, de commerce et de navigation du Zollverein et des Etats du littoral de l'Allemagne avec la Chine du 2 septembre 1861 ; l'ordonnance chinoise du 26 mai 1876, assurant aux navires étrangers et à leurs équipages la même protection qu'aux Chinois.

SECTION DEUXIÈME

Liberté de la Navigation

Tout le monde admet aujourd'hui que la navigation doit être libre sur la mer territoriale. Cependant il est des auteurs qui prétendent que cette liberté est une pure concession de l'Etat riverain ; que celui-ci peut à son gré, quand cela lui semble utile, interdire l'accès de ses eaux territoriales : ce sont les partisans du droit de propriété dont nous avons réfuté les théories. L'Etat, nous l'avons vu, ne possède sur la mer territoriale que les droits propres à assurer sa sécurité ; en dehors de cela il ne peut rien et cette partie de la mer échappe à sa souveraineté. L'Etat doit laisser libre la navigation et c'est pour lui un devoir purement passif.

« Viole le droit international, dit Pasquale Fiore (1), l'Etat qui entend considérer la mer territoriale comme sa propriété, en prohibe l'usage inoffensif, veut soumettre au paiement d'une contribution quelconque, prix de leur passage, les navires nombreux qui la traversent, ou, par ses lois et règlements, y rend le transit onéreux et difficile. »

_____

(1) *Droit International codifié*, p. 213, § 570.

L'Etat ne peut donc en aucun cas interdire la navigation en vue de son territoire ; il ne peut prétendre interdire l'accès de sa mer territoriale, comme il déclarerait la fermeture d'un port. S'il agissait autrement, il s'opposerait à la destination vraie de la mer, qui n'est, après tout, qu'une grande voie internationale ouverte librement au commerce du monde

L'Institut de Droit International (session de 1894) s'est rangé à cette opinion en admettant la liberté du passage inoffensif en tous temps pour tous les navires dans les mers côtières. On crut cependant, avec raison, devoir ajouter quelques restrictions : 1° Les belligérants auront toujours le droit d'interdire l'accès de la mer territoriale ; 2° Les neutres pourront, dans l'état de guerre, réglementer librement le droit de passage des navires de guerre dans leurs eaux.

Ces règles sont ainsi formulées dans l'art. 5 : « Tous les navires, sans distinction, ont le droit de passage inoffensif par la mer territoriale, sauf le droit des belligérants de réglementer, et, dans un but de défense, de fermer le passage dans ladite mer à tout navire, et sauf le droit des neutres de réglementer le passage dans ladite mer pour les navires de guerre de toutes les nationalités. »

FIN DE LA PREMIÈRE PARTIE

DEUXIÈME PARTIE

Des Droits et des Devoirs des États sur la mer territoriale en temps de guerre

---

Notre seconde partie sera spécialement consacrée à l'étude de la mer territoriale en temps de guerre. Nous passerons en revue les droits et les obligations des belligérants et des neutres sur les différents théâtres des hostilités maritimes. Nous examinerons aussi quelles sont les sanctions apportés à la violation des règles de la neutralité.

CHAPITRE I

Rapports des belligérants entre eux et avec les neutres.

SECTION PREMIÈRE

Rapports des belligérants entre eux dans les mers territoriales.

La guerre maritime crée pour la mer territoriale un état nouveau, bien différent de celui qui existait précédemment. Désormais le belligérant peut s'y livrer à des actes d'hostilité, bloquer les ports, y opérer la capture des vaisseaux ennemis (1), saisir la contrebande sur navires neutres, faire en un mot toutes opérations propres à lui assurer le succès. L'expression « mer territoriale » n'a plus aucun sens pour lui. Il ne faudrait pas cependant que les travaux exécutés pour fermer l'entrée d'un port ou d'une rade aient un caractère définitif, et qu'une fois la guerre terminée ils risquent d'entraver la navigation, qui doit être libre. Il s'agit ici d'une forme de blocus, dit blocus par pierres, qui fut fort employée pendant la guerre de sécession en 1861 : le port de Charlestown fut bloqué de cette manière. Ce procédé souleva de vives protestations, et un message de Jefferson Davis, président des Etats-Unis, du 12 janvier 1863, le qualifia d'*odieuse barbarie*.

Le blocus par pierres serait absolument illicite s'il en devait subsister quelques traces dangereuses pour la navigation après la clôture des hostilités. C'est ainsi que, en 1877, les Russes ayant coulé trois bateaux de pierres à une des bouches du Danube, les armateurs autrichiens firent entendre de vives protestations ; mais M. Tisza leur répondit que l'Autriche pouvait seule-

----

(1) En principe, tout Etat peut capturer dans ses ports les navires de l'adversaire, cela dès le début de la guerre. Cependant, d'après la pratique récente, on accorde aux navires ennemis un délai pour se retirer ; ce délai varie avec la longueur du trajet à parcourir. La déclaration de mars 1854 donna aux navires russes six semaines pour regagner leurs ports. Lors de la guerre franco-allemande, un décret du 25 juillet 1870 accorda trente jours aux navires allemands pour regagner leurs ports. Le gouvernement allemand agit de la même manière avec la France.

ment s'opposer à ce que les entraves mises à la navigation ne s'étendissent au delà du théâtre nécessaire des hostilités et qu'il en restât la trace une fois la guerre terminée.

On peut se demander si un belligérant aurait le droit de faire éteindre les phares d'une passe, de l'entrée d'un port, afin de nuire à son adversaire, alors que cette mesure peut mettre en danger la navigation neutre. La pratique s'est montrée à ce sujet fort partagée. En fait, si on ne se laisse guider que par des motifs d'humanité, la solution n'est guère douteuse et l'on répondra par la négative. Mais n'y a-t-il pas dans la guerre des intérêts supérieurs engagés, qui, sur le territoire maritime des belligérants, repoussent en seconde ligne les intérêts des neutres? Ceux-ci savent d'ailleurs à quoi ils s'exposent en s'aventurant dans la zone des hostilités. Il faut donc, à notre avis, décider qu'un belligérant, en présence d'une nécessité pressante ou d'un danger urgent, peut éteindre les phares dont la clarté nuit à ses opérations.

En 1861, le vaisseau *Sumter* se trouvant bloqué dans le Mississipi par la flotte des fédérés, son capitaine Semmes ordonna l'extinction des feux de la passe afin de faciliter sa sortie.

Cette théorie n'a pourtant pas toujours été adoptée. Durant toute la guerre entre la Chine et le Japon, l'armée de cette dernière puissance entretint constamment les phares situés sur tous les territoires occupés (1).

---

(1) Nagao-Ariga, *La Guerre sino-japonaise au point de vue du Droit international*, pp. 273-275.

A partir de la déclaration de guerre, l'Etat riverain peut user de tous les moyens propres à nuire à son adversaire : les guerres maritimes sont en cela plus meurtrières et plus cruelles que les guerres continentales. Mais il y a, cependant, certaines pratiques que les nations civilisées sont tenues d'observer dans les unes comme dans les autres.

Ici se place une question d'autant plus intéressante à étudier que l'art naval fait dans ce sens tous les jours des progrès : nous voulons parler des torpilleurs et des sous-marins. A ce point de vue, les auteurs sont partagés : les uns prétendent que les torpilleurs et les sous-marins ont le droit de couler les navires de commerce de l'ennemi qu'ils rencontrent en pleine mer ou dans la mer territoriale. Ce mode de procéder doit, à leur avis, produire les meilleurs résultats : plus la guerre sera meurtrière, moins elle durera ; plus aussi on s'acheminera vers la paix universelle. Pour rendre la guerre plus difficile, plus rare, il faut la rendre plus terrible. En conséquence, tous les moyens sont bons pour combattre l'adversaire ; le génie naval ne découvrira jamais assez d'engins de destruction. Les navires de commerce, d'ailleurs, sont montés par des équipages qui à chaque instant peuvent être mobilisés ; ces navires peuvent servir de croiseurs auxiliaires, pourquoi n'aurait-on pas le droit de les couler, et cela sans avertissement préalable, par surprise ? — Cette théorie barbare n'a, fort heureusement, qu'un petit nombre de partisans ; elle découle d'une logique trop rigoureuse qui s'appuie sur cet adage populaire « qui veut la fin veut les moyens » ; d'après elle, tout moyen est bon pourvu qu'il ne porte pas préjudice aux droits des tiers.

Cette doctrine n'est pas nouvelle : Klueber (1) la poussa jusqu'aux plus extrêmes limites. Bynkershoek (2) pense que tout usage de la force est juste dans la guerre, même contre un ennemi dépourvu de défense ; il admet l'emploi du poison, de l'assassinat, de l'incendie par les feux artificiels : « Si nous suivons, dit-il, la raison, cette régulatrice du droit des gens, tout est permis contre l'ennemi par cela seul qu'il est ennemi. »

L'expérience a montré que l'application trop rigoureuse de cette maxime « tous les moyens sont bons contre l'ennemi » entraîne dans les guerres de nation à nation la mise en pratique d'un système d'atrocités inutiles. Trouverait-on, d'ailleurs, en France un seul officier de notre flotte commandant un torpilleur, disposé à couler bas, de sang-froid, un navire chargé d'hommes paisibles et inoffensifs, de femmes et d'enfants ? Bien plus, il y aurait un grave danger à violer ainsi les règles les plus élémentaires du droit international. L'Etat qui agirait de la sorte s'exposerait à des réclamations suivies de représailles basées sur un principe que l'on peut exprimer ainsi : « La guerre est une lutte violente entre des corps collectifs, pendant laquelle chacun d'eux est autorisé à s'approprier par la force les biens et les droits de son ennemi ; mais les biens et les droits des membres individuels étant distincts de ceux du corps entier, doivent être respectés (3). »

Il est malheureusement peu probable que les puis-

(1) *Droit des gens moderne*, § 241.
(2) *Quœstiones juris publici, de Rebus bellicis*, cap. 1.
(3) Ortolan, *Diplomatie de la mer*, t. II, p. 30.

sances maritimes veuillent abandonner les moyens les plus prompts et les plus forts d'anéantir l'ennemi. Il faudrait, pour obtenir un semblable résultat, qu'un accord intervînt entre les Etats maritimes (1).

M. Godey (2) cite un passage tiré de l'ouvrage curieux de Nelson Seaforth, *La Dernière grande Guerre navale;* c'est le récit fantaisiste d'une guerre navale de l'avenir entre la France et l'Angleterre : « Dans la nuit du......, le *Neckar,* du Lloyd allemand, fut coulé sans avertissement avec un grand nombre de passagers à bord, près de l'île de Wight, par un jeune enseigne français qui avait peu navigué et qui le prit pour le *Jehunga,* des Indes-Britanniques. Cette mesure coûta vingt millions au gouvernement français et l'indignation soulevée en Allemagne faillit amener la guerre. Plus tard le gouvernement anglais fit connaître que si le fait se répétait, les équipages des torpilleurs seraient traités en pirates et cette nouvelle méthode de destruction fut abandonnée. »

On conçoit facilement les conséquences désastreuses que peut avoir pour un Etat le fait de couler un navire chargé de cargaison neutre. Les Etats étrangers qui se trouvent atteints demanderont réparation et iront même jusqu'à lui déclarer à leur tour la guerre. La déclaration du 16 avril 1856 formule la règle suivante. « La marchandise neutre, à l'exception de la contrebande de guerre, n'est pas saisissable sous pavillon ennemi. » Et alors, de quel droit un torpilleur lancerait-il sur un navire ennemi,

---

(1) Geffken : « La Guerre maritime de l'avenir », *Revue du Droit intern.,* Bruxelles, t. XX, p. 451 ; t. XXIII, p. 580.
(2) Godey, *La Mer territoriale.*

sans connaître son chargement, l'engin qui le fera couler ? Est-ce dans la crainte que ce navire, une fois arrivé à destination, soit converti en croiseur auxiliaire ? Mais pense-t-on que ce motif puisse arrêter les Etats étrangers dans leurs réclamations si ce navire portait une cargaison neutre et si un certain nombre de leurs nationaux ont trouvé la mort dans cet événement ? A coup sûr, ces gouvernements subiront le contre-coup de l'indignation publique et en arriveront parfois à faire cause commune avec l'adversaire.

Le *Manuel de l'Institut de Droit International* formule, dans son article 4, la règle suivante : « Les belligérants devront s'abstenir de toute rigueur inutile ainsi que de toute action déloyale, injuste ou tyrannique. »

L'armée japonaise, dans la guerre avec la Chine, a constamment appliqué le principe contenu dans la proclamation du maréchal Yamagata Aritomo : Ceux qui sont nos ennemis, c'est l'armée ennemie ; quant aux autres, excepté ceux qui attentent ou essaient d'attenter à notre armée, ils ne doivent pas être considérés comme nos ennemis. — Cet exemple n'a pas toujours été suivi, même par les nations soi-disant plus avancées en civilisation, et nous avons vu, durant la guerre hispano-américaine, si fertile en injustices odieuses, combien le peuple américain faisait peu de cas des doctrines humanitaires quand il s'agissait de ses intérêts.

Quoi qu'il en soit, on doit, à notre avis, user de beaucoup de modération quand il s'agit de poser les règles de la guerre maritime.

Il nous reste maintenant à examiner le cas où un navire

fait naufrage ou échoue sur les rivages mêmes de son ennemi. Au point de vue du droit strict, l'Etat riverain a le droit de s'en emparer, mais est-il vraiment généreux de capturer un navire livré sans défense et la justice ne doit-elle pas être parfois tempérée par la grandeur d'âme ? —

Nous avons bien, en France, un règlement du 26 juillet 1778, confirmé par un arrêté du 6 germinal an VIII, qui place les navires ennemis qui s'échouent sur les côtes de France dans la même situation que ceux qui sont capturés en pleine mer. Aucun gouvernement ne songera évidemment à adresser des réclamations pour une prise de ce genre, mais ne doit-il pas y avoir des atténuations à une justice trop rigoureuse ?

Nos autorités maritimes se sont toujours montrées pleines de courtoisie vis-à-vis de ceux que la tempête ou les avaries mettaient en leur pouvoir. On en pourrait trouver de nombreux exemples non seulement chez nous, mais chez bien d'autres peuples.

En 1746, un ouragan terrible s'étant déchaîné dans le golfe du Mexique, le navire de guerre anglais l'*Elisabeth* fut jeté sur les côtes de Cuba. Son capitaine Edwards vint se réfugier dans le port de la Havane (les Espagnols étaient alors en guerre avec l'Angleterre) et se constitua prisonnier, lui et son équipage, des autorités du pays. Mais le gouverneur de la Havane, au lieu d'accepter l'offre du commandant, lui laissa réparer ses avaries et lui donna même un passe-port jusqu'aux Bermudes, en disant : « Si vous êtes pris après avoir passé ce terme, le droit de la guerre vous aura mis dans nos mains ; mais en ce moment je ne vois en vous que des étrangers pour qui l'humanité réclame des secours. »

Voici un autre fait qui se passa vers la fin des guerres de l'Empire : Une frégate anglaise s'était embusquée à l'entrée de la Loire afin de nuire à notre commerce. Une nuit, s'étant avancée trop près de la côte, elle toucha sur une roche et se fût infailliblement perdue sans les secours qui lui vinrent de terre. Ses signaux répétés attirèrent l'attention et le commissaire de la marine ayant rassemblé les marins disponibles se porta lui-même au secours de la frégate et parvint à la sauver, lui laissant ensuite reprendre la route du large.

Les procédés de l'Angleterre n'ont pas toujours été empreints de la même courtoisie ; nous n'en voulons à preuve que le fait suivant : En 1758, le vaisseau de guerre français *La Belliqueuse*, commandant Martel, se trouvant en danger sur les côtes anglaises, dut faire route sur Bristol pour y chercher un refuge. Les lords de l'Amirauté ordonnèrent de capturer le navire et de faire prisonniers les officiers et l'équipage. Le commandant Martel invoqua *vainement* l'exemple d'un navire anglais désemparé qui était allé demander des vivres à Brest, et auquel on avait généreusement fourni tout ce qui lui était nécessaire.

SECTION DEUXIÈME

Rapports des belligérants dans leurs mers territoriales avec les neutres

A partir de la déclaration de guerre, le pouvoir de

chaque Etat belligérant se renforce pour ainsi dire
sur sa mer territoriale ; là où il n'avait auparavant
qu'un simple droit de juridiction, il exerce maintenant
un empire presque absolu ; quand il le juge utile à
sa défense il peut prendre sur cette partie de la mer
toutes les mesures nécessaires ; aucune considération
étrangère n'entravera désormais le soin de sa conser-
vation : il peut à son gré modifier les services des
ports (1), réglementer d'une manière spéciale le pilotage, le balisage, l'allumage des phares. La navigation
des neutres dans ses eaux n'a plus les mêmes garanties : il doit avant tout songer à sa défense. Il résulte
de ces principes que la puissance en guerre à le droit
de surveiller de très près la navigation commerciale
des autres puissances ; elle pourra même arrêter les
navires avant qu'ils aient franchi la ligne frontière
afin de s'assurer de leur cargaison et de leur nationalité ; elle risquerait sans cela des attaques imprévues de l'ennemi.

A *fortiori* l'Etat belligérant a le pouvoir d'arrêter
à semblable distance des côtes les vaisseaux de guerre
étrangers : en conséquence, après deux coups de canon,
l'un à blanc, l'autre tiré à obus en avant du navire,
il peut ouvrir le feu sur lui s'il persiste à avancer, car
dès lors il est présumé ennemi.

Il serait à désirer que l'étendue de la mer territo-

---

(1) Après la déclaration de guerre entre la France et l'Allemagne, en juin 1870, l'entrée et la sortie du port de Kiel furent
assez longtemps interdites aux navires de toutes les nations afin
de tenir secrets les travaux de fermeture qui s'opéraient.

riale fût fixée d'une façon uniforme. C'est un vœu que nous avons déjà souvent exprimé. Il y aurait de graves inconvénients à donner à cette partie de la mer une trop grande extension ; en effet, dans le cas qui nous occupe, le second coup tiré à obus en avant du navire, pourrait, à une trop grande distance, être mal calculé et atteindre en plein la coque.

CHAPITRE II

De la Neutralité dans les Eaux territoriales

Le principe fondamental de la neutralité est l'impartialité la plus complète. En conséquence, tous ceux qui ne participent pas aux hostilités doivent rester dans l'*inaction*, pratiquer l'abstention. Les devoirs de l'Etat neutre sont toujours les mêmes aussi bien en temps de guerre étrangère qu'en temps de paix ; il doit assurer la sécurité de la navigation dans la mer territoriale.

MM. Pistoye et Duverdy, ont soutenu que si en temps de paix un Etat avait concédé à un belligérant certains privilèges, il devait en temps de guerre ou bien les lui retirer ou les accorder aussi à son adversaire. Cette théorie nous semble en contradiction formelle avec les principes de la neutralité ; les conventions passées avec une puissance doivent subsister malgré la déclaration de guerre. Ce serait, d'ailleurs, violer la neutralité que d'adopter le système de MM. Pistoye et Duverdy, « car une mesure identique et qui a toutes les apparences de l'impartialité produit des effets différents par la force des choses et la situation respective des Etats. Qu'on accorde à deux Etats ennemis le droit de recruter des troupes dans un autre pays, et l'on verra, sous l'influence d'une même sympathie, les habitants de ce pays embrasser uniquement la cause de l'un des belligérants (1). »

Quoi qu'il en soit, à l'égard des puissances belligérantes, le neutre doit, par tous les moyens possibles, faire respecter le bon ordre dans ses eaux côtières. Il ne laissera sous aucun prétexte transporter le théâtre des hostilités sur cette partie de la mer. En droit, la situation du neutre n'aura pas subi de changements, mais en fait il se trouvera presque toujours obligé d'édicter des règlements spéciaux pour forcer les belligérants au respect de sa mer territoriale.

Nous étudierons successivement les droits et les devoirs des belligérants dans les eaux côtières neutres puis ceux des neutres dans leurs mers territoriales en temps de guerre maritime.

SECTION PREMIÈRE

Droits et Devoirs des Belligérants
dans les eaux côtières neutres

1° Droits. — Il convient ici d'établir une distinction entre la neutralité du territoire et la neutralité maritime. Un Etat neutre a le devoir absolu de s'opposer en temps de guerre continentale aux passages de troupes sur son territoire ; il n'en est pas de même dans les eaux côtières : sur cette partie de la

_____

(1) M. Bry, *Précis de Droit international public*, p. 445.

mer, la navigation pour les vaisseaux des belligérants doit être libre.

Ortolan prétend que le libre passage dans les eaux territoriales résulte de ce que l'usage de ces eaux doit être commun à tous. On s'explique aisément la raison d'être de cette différence : un passage de troupes sur un territoire neutre entraîne nécessairement pour l'Etat souverain de graves inconvénients ; de plus, cela constitue une violation du droit de propriété de cet Etat. La terre neutre est inviolable. Il n'en est pas de même dans les eaux territoriales, parce que le passage des belligérants est innocent, parce que l'Etat n'est pas propriétaire de ces eaux, parce que la navigation est libre. Le simple passage dans ce cas ne donne pas lieu de craindre des difficultés, des troubles qui pourraient provoquer une demande de réparations ou même une déclaration de guerre.

Cette solution est adoptée par tous les auteurs, mais tous ne la justifient pas de la même manière. Hautefeuille fait découler cette tolérance de ce que les Etats n'ont aucun moyen de protéger efficacement l'étendue de la mer territoriale. Ce raisonnement est faux ; il conduirait à décider que la navigation ennemie n'est pas libre sous le feu des batteries ni même des bâtiments garde-côtes. Cet auteur invoque encore ce fait que le passage des navires ennemis est un *passage innocent*. Faudrait-il alors permettre à des troupes de traverser le territoire neutre, quand elles n'y doivent causer aucun dommage !

M. Philitis (1) réconnaît bien que ce droit de libre passage existe, mais il ne le justifie qu'en fait, prétendant que le neutre pourra toujours le retirer, s'il n'y a pas de convention contraire. C'est une explication insuffisante.

La véritable raison du droit de passage est très simple ; elle est contenue dans cette phrase de Wheaton : « Le passage le long des côtes s'effectue sur un espace *dont l'usage est commun à tous* (2). »

L'Etat riverain n'ayant aucun droit de propriété sur la mer territoriale, à quel titre interviendrait-il pour en interdire l'accès ? Le droit de passage dérive donc de la nature même des eaux côtières.

L'Etat riverain conserve cependant un pouvoir de réglementation. Dans le cas, par exemple, où des navires de guerre séjourneraient trop longtemps dans sa mer territoriale, il pourra demander des explications aux commandants et leur enjoindre, si leurs motifs semblent douteux, de quitter les eaux côtières. Cette dernière mesure devra toutefois n'être prise qu'en des circonstances graves et avec tous les ménagements possibles afin de ne pas froisser l'amour – propre national.

Perels, à ce sujet, s'exprime ainsi (p. 242) : « De haute importance est la question de savoir si les navires de guerre des belligérants ont le droit de séjourner dans

---

(1) M. Philitis; *De la neutralité territoriale.* Th. de doct. Paris, 1885.

(2) Wheaton, *Elem. of international law.* vol. 1, p. 252.

les eaux du neutre. On tient pour règle qu'aucun
Etat neutre n'est obligé, bien qu'il en ait la faculté,
d'accorder l'autorisation de séjourner dans sa mer
territoriale aux navires de guerre des belligérants.
Dans le cas de danger de mer, l'asile ne doit jamais
être refusé. »

Il serait nécessaire de donner aux relations internationales maritimes des règles précises qui, établies
durant la paix, n'auraient pas besoin d'être modifiées
en temps de guerre. La condition des neutres deviendrait ainsi moins délicate, leur conduite échapperait
aux reproches de partialité. Pour rédiger ce règlement
international de neutralité, il faudrait choisir une
longue paix maritime, car « c'est pendant la paix
qu'il faut régler les droits de la guerre (1). » Les
peuples auraient ainsi conquis la garantie de leur
indépendance sans avoir jamais à craindre de se
trouver mêlés dans des luttes auxquelles ils doivent et
veulent rester étrangers.

2° Devoirs. — Si les belligérants ne possèdent sur
les mers territoriales que le seul droit de passage,
leurs devoirs, en revanche, sont multiples. D'une
façon générale, ils ne *doivent troubler en rien la tranquillité des Etats neutres.* « Ils doivent par conséquent s'abstenir, sur le territoire de ces derniers, de
toute sorte d'hostilités non seulement envers ces États,
mais aussi entre eux-mêmes (2). » Il en résulte que

(1) Hautefeuille. *Droit maritime international*, p. 166.
(2) Ortolan. *Diplomatie de la mer*, t. II, ch. VIII, p. 239.

tout acte de guerre, tel que combat, poursuite, capture, visite de navire neutre, etc., constitue une
violation de la neutralité et partant une offense à la
puissance riveraine : les belligérants ont le devoir de
s'en abstenir.

Qu'arriverait-il d'ailleurs si les hostilités étaient permises sur la mer territoriale ? Il est d'abord fort
probable que l'Etat riverain se trouverait bientôt
engagé lui-même, car sa faveur se portant fatalement
vers l'un des belligérants, l'adversaire y verrait
une injure nécessitant réparation. A un autre point
de vue, il deviendrait impossible à la puissance neutre
d'assurer efficacement la sécurité de la pêche, du
cabotage, du pilotage, etc., sur la mer côtière ; ses
droits se trouveraient donc lésés. Un combat en vue
des côtes risquerait d'avoir son contre-coup sur les
rivages ; les projectiles pourraient frapper les propriétés
ou les individus du territoire neutre. « Par toutes ces
raisons, dit Ortolan, on voit qu'il serait régulier de
s'abstenir en toute situation de tout acte d'hostilité
en deçà de cette ligne qu'on appelle la ligne de
respect. »

La détermination exacte des devoirs des belligérants
doit être contenue dans la déclaration de neutralité.
L'État qui entend demeurer neutre doit, dès le début
des hostilités, faire cette déclaration avec toute la
netteté possible afin d'éviter toutes difficultés au cours
de la guerre. C'est elle qui indiquera aux belligérants la conduite à tenir dans les eaux territoriales

neutres. Voici d'ailleurs les prescriptions principales
qu'elle devra contenir (1) :

La déclaration de neutralité devra d'abord délimiter
la zone neutre que l'Etat entend se réserver, mais son
étendue ne devra pas être supérieure à six milles, car autrement elle ne pourrait pas être efficacement protégée.
(En l'absence de convention, cette zone sera de trois
milles). De plus la déclaration devra énumérer les actes
directs et indirects d'hostilité qui seront interdits aux
belligérents en deçà de la ligne de respect. — Examinons les divers faits de guerre qui ne doivent pas être
accomplis dans la mer côtière neutre.

A. *Stationnement d'un vaisseau ou d'une flotte de
guerre dans les eaux neutres.* — Les navires des belligérants ne doivent pas chercher un abri dans les eaux
territoriales d'une puissance étrangère ni se dissimuler
derrière une île ou une falaise pour essayer de sur-
prendre un bâtiment ennemi.

On comprend facilement la prohibition de ce fait qui,
par lui-même, indépendamment de toute conséquence
et alors même que le stratagème ne réussirait pas,
constitue néanmoins un acte préparatoire de guerre. On
admettra pour la même raison l'interdiction faite à tout
navire belligérant de se servir d'une île située dans la
mer territoriale comme centre de ravitaillement.

Toute infraction à la règle absolue qui défend le sta-

----

(1) Godey *(La Mer Territoriale)* établit un type de déclaration de neutralité en comparant une à une, sur tous
les points importants, les déclarations de neutralité publiées
en 1870-71.

tionnement d'une flotte en guerre dans les eaux neutres constitue une offensé grave envers la puissance riveraine. Celle-ci a le devoir de ne pas tolérer de pareils faits, car les belligérents pourraient profiter de la situation inexpugnable dans laquelle ils se trouveraient pour échapper aux poursuites d'un adversaire plus consciencieux ou mal renseigné et l'accabler ensuite au moment propice. L'Etat riverain a donc le devoir de diriger le feu de ses batteries de côte sur les navires qui violeraient ainsi la neutralité ; s'il ne le faisait pas, il s'exposerait à des représailles de la part de la puissance lésée.

Il résulte de cela que non seulement doivent être considérées comme nulles les captures faites dans les eaux neutres, mais encore celles faites en dehors de la ligne de respect par les embarcations d'un navire mouillé dans la zone territoriale. C'est ce que dit Ortolan : « Si un navire belligérant mouillé ou croisant dans les mers neutres capture, au moyen de ses embarcations, un bâtiment qui se trouve en dehors de la limite de ces eaux, le bâtiment n'est pas de bonne prise, bien que l'emploi de la force n'ait pas eu lieu dans ce cas sur le territoire neutre ; néanmoins il est le résultat de l'usage de ce territoire et un tel usage pour des desseins hostiles n'est pas permis (1). » Si l'on souffrait que les eaux neutres devinssent le théâtre de faits préparatoires de guerre, les rapports pacifiques seraient gravement menacés ou même rendus impossibles.

---

(1) Ortolan. *Diplomatie de la mer*, t. II, p. 259.
Voir aussi Perels. *Droit maritime international*, p. 241.

Il sera, nous en convenons, souvent bien difficile pour l'Etat riverain d'apprécier le motif exact du stationnement d'un navire de guerre dans ses eaux ; il deviendra dès lors très délicat d'agir à son égard et très dangereux surtout d'user de mesures de rigueur pour l'obliger à continuer sa route (1). La puissance riveraine se trouvera souvent dans l'incertitude. Il n'en sera pas de même si la déclaration de neutralité règle clairement toutes les questions de stationnement ou de passage. Un accord international conclu en temps de paix serait encore préférable, mais il faudrait obtenir l'assentiment de tous les gouvernements. Un Congrès pourrait se réunir dans ce but, dans lequel tous les peuples seraient représentés et qui serait chargé de faire la loi destinée à les régir tous.

Nous n'avons jusqu'à présent examiné que les actes préparatoires d'hostilités. Si ces derniers sont formellement interdits dans les mers neutres, *a fortiori* est-il du devoir des belligérants de s'abstenir de tous faits directs de guerre.

B. *Faits de guerre.* — Tout acte de guerre, quelle que soit sa nature, est formellement interdit sur toute l'étendue de la mer côtière neutre. Le neutre, de son côté, doit exiger le respect de son territoire maritime ; sa responsabilité se trouve gravement engagée, aussi devra-t-il prendre toutes les mesures nécessaires pour empêcher les actes d'hostilité. Si un navire mouillé dans

---

(1) Des explications pourront, il est vrai, être demandées au commandant et, si elles sont jugées insuffisantes, l'État riverain devra exiger l'appareillage et le départ immédiat du navire.

les eaux neutres désire engager le combat, le neutre devra le faire accompagner jusqu'à la ligne de respect afin d'empêcher toute lutte en deçà de cette limite.

Le 19 juin 1864, l'*Alabama* quittait la rade de Cherbourg pour engager *au large* le combat avec le *Kearsage* ; les autorités du port le firent accompagner jusqu'à la limite des eaux territoriales et le vaisseau français *La Couronne* ne revint qu'après l'échange des premiers projectiles.

Si, malgré les précautions prises, le combat avait lieu dans les eaux côtières, l'Etat riverain devrait diriger sur les bâtiments des belligérants le feu de toutes les batteries de la côte. Dans le cas où ces mesures seraient inefficaces, le gouvernement aurait le devoir d'adresser par voie diplomatique de graves remontrances et même un ultimatum aux Etats dont les flottes auraient violé sa neutralité. Nous rappelons ici l'exemple déjà cité des quatre vaisseaux français poursuivis en 1759 sur les côtes portugaises entre Sagres et Lagos, par une escadre anglaise. Malgré les feux des batteries de côte, les Anglais brûlèrent deux navires français et capturèrent les deux autres. Le Portugal protesta auprès du gouvernement britannique, mais ce dernier n'accorda pas une réparation suffisante. Ce fut la cause de la guerre de 1762 entre la France et le Portugal.

Le principe qu'aucun acte d'hostilité ne peut être commis ni préparé dans les eaux côtières neutres est-il donc si rigoureux que des exceptions n'y puissent être apportées ? N'y a-t-il pas des cas où l'Etat neutre ne peut s'opposer à la violation des règles de la neutralité ? Certains auteurs l'ont prétendu et voici les exceptions proposées :

La première consisterait à permettre aux belligérants la continuation dans les eaux territoriales neutres d'un combat commencé en pleine mer. C'est Bynkershoek (1) qui formule ainsi cette proposition : « *Territorium communis amici valet ad prohibendam vim, quœ ibi inchoatur, non valet ad exhibendam quœ extra territorium inchoata, dùm fervet opus, in ipso territorio continuatur* ». En effet, dit cet auteur, il faut tenir compte de l'ardeur de la lutte, « *dùm fervet opus* » ; à ce moment la préméditation d'une violation de territoire neutre ne peut pas être reprochée aux navires combattants ; les phases du combat peuvent les entraîner malgré eux dans les eaux côtières interdites. Ce serait de la barbarie que de bombarder alors ces vaisseaux qui ne sauraient répondre à cette nouvelle attaque ; empêcher la continuation du combat, ce serait arracher le vaisseau le plus faible à la capture de l'ennemi et s'exposer à être taxé de partialité.

Ortolan et Hautefeuille repoussent énergiquement cette proposition, qui, si elle était admise, permettrait aussi d'entamer le combat en territoire neutre quand il offrirait des chances de succès (2).

---

(1) Bynkershoek. *Quœstiones juris publici*, lib. I, cap. VIII.

(2) Wheaton *(Eléments of international law*, vol. 2. p. 139 et 140) qualifie d'anormale l'exception de Bynkershoek: « *There is then no exception to the rule that every voluntary entrance into neutral territory with hostiles purposes is absolutely unlawful* ».

A notre avis, la fameuse exception du *dùm fervet opus* ne peut être acceptée pour cette raison qu'elle se heurte à un principe formel et que d'ailleurs les conséquences logiques que les belligérants en pourraient tirer risqueraient de dénaturer ce principe. Que le combat commence ou finisse dans les eaux territoriales neutres, il y a toujours violation de la neutralité et la puissance riveraine a le devoir de s'y opposer (1).

------

(1) L'engagement entre le *Bouvet* et le *Meteor* en 1870, en vue des côtes de Cuba, nous fournit un exemple de l'intervention de l'autorité locale. Ces deux navires étaient mouillés ensemble dans le port de la Havane, lors de la guerre franco-allemande. Le capitaine de frégate Franquet, commandant du *Bouvet*, proposa au capitaine allemand une rencontre au large de l'île ; le cartel fut accepté et les deux navires appareillèrent pour sortir de la lieue marine. Le *Bouvet* était très inférieur à son adversaire comme construction et comme artillerie, mais sa marche était supérieure ; aussi, profitant de sa vitesse, une fois la limite des eaux territoriales dépassée, le commandant Franquet essaya d'aborder le *Meteor* et de le couler par le fond. Cette manœuvre réussit en partie ; la mâture du navire prussien vint en bas et des débris de bois et de cordages s'engagèrent dans son hélice, le condamnant pour un instant à l'immobilité. Au moment où le *Bouvet* allait recommencer cette même manœuvre qui rendait la perte du *Meteor* inévitable, il reçut dans l'enveloppe de sa cheminée (dans son surchauffeur) un boulet qui le mit hors d'état de marcher à la vapeur ; il se trouvait donc à son tour à la merci du *Meteor* ; mais, avant que ce dernier eût pu dégager son hélice et appuyer sa poursuite, le *Bouvet* avait pris chasse en établissant sa voilure et les capitaines des navires espagnols qui étaient venus pour suivre la lutte et faire respecter les eaux territoriales, jugèrent alors à propos d'intervenir et d'arrêter la poursuite du *Meteor*, disant que les deux navires se trouvaient à ce moment dans la zone neutre. Le *Meteor* et le *Bouvet* regagnèrent le port, le premier avec dix hommes hors de combat, le

Une autre exception a été proposée par Ortolan.
Elle est ainsi formulée : « On conçoit que l'officier commandant, quand il n'a en vue qu'une côte inhabitée,
inculte, dénuée de tout signe de la puissance territoriale, puisse se laisser entraîner au delà de la règle
précise et qu'il soit évident cependant qu'il n'a pas
eu l'intention d'offenser l'État neutre ni de violer son
droit d'empire (1) ».

Cette exception ne peut pas être acceptée plus que
la précédente. Ortolan semble oublier que la neutralité de la mer côtière est totalement indépendante de
toute cause extérieure. On peut s'étonner qu'un auteur
d'une pareille compétence se soit laissé entraîner dans
une erreur aussi grande. A notre avis, l'injure faite à
l'Etat riverain dans ces conditions serait au moins
aussi grave que si les hostilités avaient eu lieu en vue
des côtes protégées par des batteries ; le navire ennemi
qui commettrait cette violation pourrait être d'autant plus
soupçonné de préméditation que la puissance riveraine
est dans l'impossibilité de faire respecter cette partie de
ses côtes. Qui oserait soutenir que deux armées peuvent transporter le théâtre des hostilités sur un point
d'un territoire neutre dépourvu de toute défense ? La
neutralité est-elle donc moins inviolable sur mer que
sur terre ?

---

second avec deux blessés seulement. *(La Marine française et la
Marine allemande en 1870-71*, par Ed. Chevalier, capitaine de
frégate, p. 98.

(1) Ortolan. *Diplomatie de la mer*, t. II, p. 244.

Godey (1), sans toutefois admettre l'exception proposée par Ortolan, s'exprime ainsi : « Il faut reconnaître que dans l'état actuel des choses, étant donnée l'incertitude qui règne sur cette question des limites de la mer réservée, on peut se trouver en présence de violations plus apparentes que réelles ou préméditées. »

Pistoye et Duverdy (2), Hautefeuille (3), se sont élevés contre la doctrine d'Ortolan : Le commandant d'un navire peut sans doute se tromper sur l'étendue exacte des eaux côtières privilégiées, mais le fait de violation existe néanmoins, une réparation est nécessaire. Le commandant a d'ailleurs pu profiter de la situation pour engager le combat sans craindre la surveillance des côtes ; qui prouvera qu'il y a eu ou non préméditation ? On devra s'en rapporter dès lors à la seule affirmation du coupable.

Cette seconde exception n'est donc pas plus admissible que la première. Devant elle se dresse encore le principe intangible de la neutralité, qui pour être toujours respecté doit demeurer absolu, entier. Si on y apporte des tempéraments, le privilège de la mer territoriale aura bientôt vécu.

Nous conclurons donc, avec Wheaton : « qu'il n'y a pas d'exception à la règle que toute entrée volontaire

(1) *Régime international de la mer territoriale*, p. 97.
(2) Pistoye et Duverdy, *Traité des prises maritimes*, I, p. 10.
(3) Hautefeuille, *Droits et devoirs*, t. II, I, 11, p. 66 et suiv.

sur un territoire neutre avec des intentions hostiles est illégale (1) ».

Signalons cependant un cas exceptionnel : il s'agit de la répression de la piraterie, dont nous avons eu l'occasion de parler en traitant du droit de police dans les mers côtières. Certains auteurs ont voulu faire de ce droit de répression une véritable exception au principe de la neutralité. Nous ne saurions nous ranger à leur opinion, attendu que la poursuite est dans ce cas *subordonnée au consentement exprès ou tacite des Etats riverains.*

SECTION DEUXIÈME

Droits et devoirs de neutres dans leurs Mers territoriales en temps de guerre maritime.

1° *Droits*. — Nous avons étudié cette question des droits dans la section première en exposant les clauses principales contenues dans les déclarations de neutralité ; nous n'y reviendrons donc point ici. Rappelons seulement que l'Etat neutre peut à son gré empêcher le stationnement des navires belligérants dans ses eaux ; il a le droit de réglementer leur navigation afin d'éviter des complications qui pourraient résulter de l'ignorance ou du mauvais vouloir des belligérants.

---

(1) Wheaton, *Eléments de droit international*, part. II et III, § 10, t. II, p. 88.

V. aussi Hübner, *Saisie des bâtiments neutres*, t. II, part. II, ch. I ; Azuni, *Droit maritime de l'Europe*, tit. II, part. II, ch. I, art. 5, § 4.

2° *Devoirs*. — La neutralité est un état d'inaction ; en conséquence, lorsqu'éclate une guerre entre deux ou plusieurs nations, l'Etat neutre doit s'abstenir de prendre aucune part aux hostilités ; il doit observer l'impartialité la plus absolue et s'efforcer d'accorder aux deux parties les mêmes faveurs qui sont en général contenues dans les déclarations de neutralité. Il faut toutefois remarquer que l'abstention est préférable (1), car les faveurs réparties également par un Etat entre deux belligérants peuvent en définitive amener une inégalité absolue dans les forces de chacun d'eux. Supposons par exemple que, au début de la la guerre, l'Etat A soit abondamment approvisionné d'armes, que l'Etat B au contraire n'en possède que peu. Si une puissance neutre fournit aux deux Etats A et B une forte livraison de matériel de guerre, il pourra fort bien arriver que l'Etat B soit aussi richement pourvu que son adversaire qui manque de bras pour utiliser le surplus.

Les autorités des ports neutres doivent donner aux pilotes des intructions très formelles pour que ceux-ci se gardent de fournir des indications de quelque nature qu'elles soient aux commandants des navires ennemis. Les pilotes doivent se confiner exclusivement dans leurs fonctions, qui consistent à diriger les navires à l'entrée et à la sortie des ports. C'est ainsi que le *Board of trade*, en date du 6 août 1870, interdisait aux pilotes des Iles Britanniques de diriger les navires

---

(1) Calvo, l. III, p. 562.
Perels (ouvrage déjà cité) p. 239.

des puissances belligérantes en dehors des limites de trois milles des côtes ; encore fallait-il que ces navires n'accomplissent à ce moment aucun acte préparatoire de guerre.

Le gouvernement neutre doit aussi veiller à ce que les bâtiments ennemis ne reçoivent de ses nationaux aucun renseignement sur les forces ou les opérations de leurs adversaires. Il devra, en un mot, exiger l'observation rigoureuse des termes de sa déclaration de neutralité et poursuivre jusqu'au bout la réparation pour les infractions commises.

CHAPITRE III

Conséquences pour les belligérants et les neutres de la violation des règles de la neutralité.

La violation des règles de la neutralité constitue une grave atteinte à la souveraineté territoriale. Cette violation entraîne nécessairement une réparation.

Malgré toutes les précautions prises par la puissance neutre, malgré la clarté des termes de sa déclaration de neutralité, il arrivera que les hostilités soient entamées ou continuées dans la zone territoriale d'une côte non défendue par des batteries ou insuffisamment gardée. Quelle devra être dans ce cas la conduite de la puissance neutre? Celle-ci jouit sur la mer territoriale de certaines prérogatives et en particulier du droit d'assurer la sécurité de la navigation : c'est même là une obligation et si elle manque à ce devoir, le belligérant lésé peut exiger des indemnités et réparations. « Il peut, si la violation est d'une extrême gravité, ne plus respecter la neutralité de celui qui la méconnaît le premier et même lui déclarer la guerre (1). »

Quand des dommages ont été causés par un belligérant à son adversaire dans les limites réservées,

_____

(1) M. Bry. *Précis de Droit international public*, p. 453

la chose devient d'une gravité exceptionnelle pour la puissance territoriale, car on peut accuser celle-ci d'avoir usé de partialité vis-à-vis de l'un des combattants.

On comprend donc que dans de semblables conditions et pour éviter ce reproche le neutre ait le droit de demander des réparations matérielles et morales qui seront d'autant plus éclatantes que l'infraction au principe aura été plus grande. Les réparations morales s'adresseront directement à l'Etat neutre dont les droits auront été violés. Comme exemple de réparation morale nous citerons le fait suivant: En 1864, au mois d'octobre, le navire *Florida*, de la marine confédérée, et le *Wachusett*, bâtiment fédéral, étaient mouillés en rade de Bahia ; les autorités du port avaient assigné une place à chacun d'eux ; mais le *Wachusett*, enfreignant les dispositions de l'autorité brésilienne, s'approchait quelques jours plus tard du *Florida*, profitant d'un instant où l'équipage était descendu à terre et, le prenant à sa remorque, gagnait la haute mer sans tenir compte des efforts faits par les vaisseaux brésiliens pour l'arrêter. Aussitôt, le gouvernement brésilien adressa des réclamations au gouvernement des Etats-Unis, demandant pour ce fait les réparations auxquelles il avait droit. Le ministre des Etats-Unis, M. Watson Webb, déclara, le 11 octobre 1864, que son gouvernement désapprouvait la prise du *Florida* dans les eaux brésiliennes. Le Brésil ne voulut pas se contenter de ces explications et son ministre aux Etats-Unis,

M. Barboso de Silva, renouvela ses réclamations. C'est alors que le Président des Etats-Unis envoya à Bahia en juillet 1866 un des navires de la flotte fédérale dont le commandant avait pour mission de saluer de vingt et un coups de canon le pavillon brésilien en réparation de l'offense qui lui avait été faite (1).

Quant à la réparation matérielle, c'est encore au gouvernement neutre qu'il appartient de la réclamer, mais il remplit alors l'office d'intermédiaire auprès du belligérant coupable de la violation.

Toutefois s'il y a eu capture, cette capture est parfaitement valable aux yeux des tiers ; seul, l'Etat neutre n'a pas à la reconnaître et son devoir est d'en opérer la restitution puisqu'il est responsable à l'égard du belligérant lésé. Il est donc logique de conclure que si une capture a été faite dans les eaux territoriales d'un Etat neutre, celui-ci, dans le cas où le navire capteur aura pu gagner la haute mer avec son butin, ne pourra exiger que la réparation morale (2) ; la prise s'est en effet opérée sans violation du droit des gens.

---

(1) *Relatorio de reparticas das negocias estrangeiras*. Ja. Rio-de-Janeiro, 1867. Calvo.

(2) Wheaton, Ortolan et Hautefeuille admettent qu'une capture qui a été faite dans les eaux neutres, si elle vient ensuite à être arrêtée dans ces mêmes eaux, même si déjà elle avait été conduite au port du capteur, jugée et condamnée par les tribunaux des prises, et ensuite vendue, pourra cependant être saisie par le souverain offensé, car jamais la prise n'aura été régulière à son égard. Cette opinion nous paraît tout-à-fait inadmissible, étant donné que les droits de l'État neutre se heurteraient dans ce cas à l'autorité de la chose jugée.

Perels (1) s'exprime ainsi : « Si une capture a été
faite sur le territoire du neutre en violation de ces
règles et si elle est régulière, abstraction faite du lieu
où elle s'est accomplie, l'Etat neutre est seul compétent pour contester sa légitimité. L'observation d'une
neutralité impartiale impose dans ce cas au neutre
le devoir d'exiger la restitution de la prise au propriétaire, éventuellement même l'obligation de la faire
relâcher par la force ; l'Etat neutre a droit, en outre,
à une réparation. Si le neutre ne réclame pas, le
belligérant ne pourra le faire à sa place et s'adresser
lui-même à son propre ennemi. »

Au mois de février 1801, un navire anglais, l'*Achilles*,
pénétra dans le port neutre d'Egvaag et y captura
un navire français. Ce fait provoqua un échange de
notes entre le comte Wedel Jarlsberg et lord Hawkes-
bury, qui aboutit à une réparation complète : la
prise fut abandonnée et le capitaine de l'*Achilles*
désapprouvé.

L'Etat neutre aura le devoir de s'emparer, même
par la force si cela est nécessaire, de toute capture
faite dans ses eaux juridictionnelles et amenée dans
un de ses ports ; il devra la rendre à son légitime
propriétaire. Certains auteurs ont prétendu qu'en agissant ainsi, le neutre se faisait juge de la validité de
la prise, outrepassait ses droits et se rendait à son
tour coupable d'une violation du droit des gens. Nous
ne saurions admettre cette théorie : le neutre se fait

---

(1) Perels, ouvrage déjà cité, p. 250.

juge, non pas de la validité de la prise, mais de la violation de sa propre neutralité.

Le neutre qui n'aura pas agi avec la plus grande diligence et la plus entière bonne foi pour réclamer les réparations dans les cas que nous venons d'examiner, pourra être considéré comme déchu de ses privilèges de neutre par le belligérant lésé, et ce dernier pourra lui déclarer la guerre. C'est ce que disent Funck-Brentano et Sorel (1) : « Lorsqu'un Etat neutre, qui a pris volontairement le caractère de neutre, manque aux devoirs de la neutralité et favorise la cause de l'un des belligérants, l'autre a le droit de considérer la neutralité comme violée et d'agir en conséquence ; il s'inspirera de ses intérêts et des nécessités de la guerre qu'il soutient. »

C'est aussi la doctrine de Bonfils (2) : « L'État qui manque aux devoirs de la neutralité se place au rang des ennemis du belligérant contre lequel la violation a été dirigée. Celui-ci peut recourir à des mesures de représailles, à la guerre proprement dite, ou se réserver de réclamer, après la clôture de la lutte où il est engagé, une indemnité pour le tort et pour les dommages que lui a causés la violation des devoirs de la la neutralité. Ainsi agirent les Etats-Unis envers la Grande-Bretagne. Après l'issue de la guerre de sécession, une discussion fort vive s'engagea entre ces deux États sur la question de l'étendue et du caractère des dommages causés par l'*Alabama*, le *Florida* et

(1) Funck-Brentano et Sorel, *Précis de Droit des gens*, p. 307.
(2) Bonfils, *Manuel de Droit international public*, p. 193.

le *Shenandoah* armés dans les ports anglais et sur la réparation qui devait être accordée. »

Il pourrait arriver toutefois que le neutre, malgré tous ses efforts, ne pût empêcher l'infraction de se produire. Quelle serait dans ce cas sa situation ? D'aucuns ont prétendu que le belligérant offensé aurait le droit de traiter le neutre en ennemi par le fait qu'il a implicitement pris le parti de son adversaire. Il serait donc naturel que ce belligérant déclarât la guerre au neutre malgré l'impuissance de celui-ci. Les partisans de cette théorie soutiennent que le belligérant lésé peut utiliser à son gré les eaux territoriales neutres et y transporter le théâtre des hostilités. Une guerre viendrait-elle à éclater entre l'Angleterre et la France, si une violation était commise par l'Angleterre dans les eaux neutres de l'Espagne sans que celle-ci, dépourvue de marine, pût s'y opposer, la puissance espagnole n'aurait pas le droit d'empêcher la France d'user de ses eaux territoriales comme l'aurait fait l'Angleterre.

Cette opinion peut, au premier abord, paraître séduisante ; elle semble, en effet, dictée par le sentiment de la justice ; on est tenté de s'apitoyer sur le sort d'un belligérant qui ne pourrait user des mêmes droits que son adversaire. Mais il serait dangereux de n'examiner que le côté extérieur de la question. En soutenant cette théorie, on viole un principe absolu du droit des gens ; les traités eux-mêmes n'ont jamais contenu de dispositions semblables. Que deviendrait le principe de la *neutralité inviolable* s'il suffisait d'une infraction commise par l'un des belligérants pour autoriser son adversaire à agir de la même manière ? Le sort du neutre serait dès lors des plus misérables, car bien loin d'éviter ses eaux côtières, les belligérants en feraient au contraire le théâtre des hostilités, abusant ainsi de son infériorité.

Les puissances neutres ne doivent en rien ressentir les conséquences immédiates de la guerre : « Si les belligérants et les neutres remplissaient exactement leurs devoirs, il serait facile de renfermer les maux de la guerre sur mer dans les limites qu'ils ne devraient jamais franchir. Malheureusement il n'en est pas ainsi. Depuis plus de deux cents ans, toutes les fois que la puissance dominante sur mer s'est trouvée engagée dans les hostilités, elle a fait la guerre aux peuples pacifiques autant et plus qu'à son adversaire. L'Espagne, la Hollande, la France même, pendant le temps assez court où elles ont été en possession de la prépondérance maritime, ont tour à tour été coupables de graves abus de force (1). »

----

(1) Hautefeuille, *Droit maritime international*, p. 141.

CHAPITRE IV

Droits et devoirs mutuels des belligérants et des neutres dans les ports et rades neutres.

Il nous a paru nécessaire de faire, à la fin de ce travail sur la mer territoriale, une étude rapide des droits et des devoirs des belligérants et des neutres dans les ports et rades neutres. Il ne s'agit plus ici, à proprement parler, de la mer territoriale, les ports et rades étant considérés comme portions intégrantes du territoire, mais ils constituent néanmoins le territoire maritime et c'est à ce titre que nous avons cru devoir en faire l'étude.

Nous avons vu qu'un État ne peut, sous aucun prétexte, s'opposer à la libre navigation dans ses eaux côtières. Il n'en est pas de même pour ses ports et rades : il est maître d'en permettre ou d'en interdire l'accès, mais à la condition que la disposition soit générale et s'applique à toutes les nations. Le principe est posé par Ortolan : « La nation maîtresse d'un port ou d'une rade peut à son gré les déclarer fermés, ouverts ou francs, c'est-à-dire en permettre ou en fermer l'accès ; elle peut y assujettir les bâtiments étrangers à tels droits, à tels règlements qu'il lui plaît d'établir. En cela elle exerce son droit de propriété et de souveraineté sans mettre obstacle aux communications des autres peuples puisqu'il ne s'agit que de ses ports et rades ; c'est à elle de voir si ces mesures sont nuisibles ou favorables à ses relations, à sa prospérité industrielle et commerciale, à ses intérêts de toute nature ».

Toute puissance a le droit de refuser l'entrée de ses ports aux bâtiments de guerre étrangers qui pourraient menacer la sûreté nationale. Il est d'usage que les commandants demandent aux autorités riveraines l'autorisation d'entrer dans un port. En Allemagne, cette pratique est corroborée par l'article 9 de l'instruction du 28 septembre 1872, ainsi conçue : « Avant d'entrer dans les eaux intérieures reconnues à une puissance étrangère, le commandant d'un navire de guerre doit en demander l'autorisation aux fonctionnaires locaux compétents ; dans le cas de nécessité urgente où il ne peut attendre cette décision, il doit la demander postérieurement. »

De nombreux traités contiennent des stipulations détaillées sur l'entrée et la sortie des ports : l'article 30 du traité du 14 février 1663, entre la France et le Danemark, pose la règle que les navires de l'un des deux rois pourront entrer librement dans les ports de l'autre sans être assujettis au droit de visite pourvu qu'ils n'y fassent pas un trop long séjour sans nécessité. D'autres traités limitent le nombre des bâtiments de guerre à admettre dans les ports (traité du 10 octobre 1796 entre la France et les Deux-Siciles, traité du 11 janvier 1787 entre la France et la Russie). C'est aussi dans les traités que sont réglées les questions de saluts, de quarantaines. (V. plus haut l'étude de ces questions.)

Quant aux ports militaires, ils sont fermés aux navires de guerre et de commerce des États étrangers par une mesure de prudence bien compréhensible.

Si le navire est en danger de mer, un État n'a jamais le droit de lui refuser l'entrée, même d'un port de guerre : il peut cependant, dans ce cas, prendre à l'égard de ce navire les garanties qui lui sembleront nécessaires.

Signalons l'existence de certaines servitudes internationales résultant soit du consentement formel des États, soit d'un usage immémorial. Les unes sont négatives : tels ou tels États ne devront pas user des droits qui leur appartiennent (le port d'Antivari, par exemple, est fermé aux navires de guerre). Les autres sont positives ; elles forcent les États à subir sur leurs territoires tels ou tels actes accomplis par d'autres puissances. (L'Autriche-Hongrie empêche les navires de guerre turcs d'entrer dans les ports turcs de Klek et de Soutorina, Dalmatie méridionale). Quoi qu'il en soit, toute prohibition édictée doit être, dit Perels, au moins en apparence, justifiée par les exigences de la sûreté de l'État.

Nous allons étudier en détail les droits et les devoirs réciproques des belligérants et des neutres dans les ports et rades neutres, en temps de guerre. Les déclarations de neutralité devraient, à notre avis, les déterminer avec une grande netteté afin d'éviter des complications souvent désastreuses.

A. — Navires de guerre des Belligérants

L'Etat neutre peut toujours interdire l'accès de ses ports aux navires de guerre des belligérants dans un but de sécurité. C'est ainsi que, en 1870, la Suède proclama la fermeture de ses cinq ports de mer.

Le droit d'asile tend de plus en plus à diminuer ; aujourd'hui on ne l'accorde plus guère que dans les cas de force majeure. Le droit d'asile est d'ailleurs librement réglé par les Etats neutres : c'est un droit pour les neutres et non pour les belligérants.

Les navires de guerre des belligérants peuvent venir chercher un refuge contre la tempête ou un asile pour échapper à la poursuite d'un ennemi plus puissant. Dans ce dernier cas, l'Etat pourra leur assigner une place spéciale dans le port, ordonner le désarmement, faire donner aux officiers leur parole de ne plus combattre durant le reste de la guerre : c'est la seule réparation que le neutre puisse accorder au poursuivant lésé. Mais, dans la pratique, l'hospitalité leur est offerte à la seule condition qu'ils n'achèteront aucunes munitions de guerre sur le territoire neutre (V. section D).

Les navires de guerre sont généralement autorisés par la puissance riveraine neutre à venir dans les ports se ravitailler et réparer leurs avaries. Mais les mêmes droits doivent être accordés aux deux belligérants, autrement le neutre manquerait au devoir d'impartialité. Remarquons toutefois que le neutre ne doit autoriser que le ravitaillement ou les réparations de stricte nécessité, et cela dans un délai limité. Nous aurons à revenir sur cette question.

Quoi qu'il en soit, l'Etat neutre a tout intérêt à n'accorder l'entrée de ses ports que sous des conditions nettement formulées : il limitera par exemple le nombre des navires admis en même temps, la durée de leur séjour ; il réclamera des commandants la parole d'honneur ou même un engagement écrit de se conformer ponctuellement aux prescriptions de la déclaration de neutralité. Si cette promesse venait à être violée, l'Etat neutre aurait le droit de capturer le navire ennemi et de le mettre ainsi que son équipage dans l'impuissance de reprendre les hostilités.

Les Etats faibles sont les plus exposés à des violations de neutralité ; aussi agissent-ils prudemment en interdisant purement et simplement l'entrée de leurs ports aux flottes belligérantes. C'est ce que fit la Suède par décret du 1er août 1870. Mais cette mesure, très admissible de la part d'un Etat faible, pourrait créer des difficultés à une nation puissante ; aussi la plupart des déclarations de neutralité autorisent-elles l'entrée des ports, mais seulement en cas de force majeure.

L'Italie, par ordonnance du 26 juillet 1870, autorisait l'entrée dans les conditions suivantes : on ne recevra pas plus de trois navires en même temps ; eur séjour minimum sera de vingt-quatre heures et leur séjour maximum sera de huit jours ; de plus, la déclaration fixait les lieux d'ancrage.

Le 19 juillet 1870, la Grande-Bretagne rendait une ordonnance aux termes de laquelle les navires français et allemands n'étaient reçus dans ses ports que pour une durée maxima de vingt-quatre heures et *seulement* en cas de danger de mer ou de réparations forcées.

L'ordonnance espagnole du 26 juillet 1870, interdisait l'accès, sauf en cas de nécessité et pour un temps très court.

B. — NAVIRES DE COMMERCE DES BELLIGÉRANTS

En principe, les navires de guerre n'ont aucun droit pour exiger l'entrée dans les ports neutres ; nous avons vu que ceux-ci appartiennent en toute propriété à l'État riverain, qui peut à son gré en permettre et en défendre l'accès. Il n'en est pas de même des navires de commerce : ceux-ci ont toujours droit à l'entrée, mais sous les conditions posées par l'État riverain. C'est ainsi que dans la déclaration de neutralité de l'Autriche-Hongrie du 29 juillet 1870, on trouve cette clause (art. 2) : il est permis aux navires de commerce des belligérants d'entrer sans être inquiétés dans les ports du pays, d'y séjourner selon leur convenance, d'y faire des réparations, pourvu qu'ils observent les lois et ordonnances existantes et que leur conduite soit conforme aux règles de la neutralité.

Il faut donc reconnaître qu'aujourd'hui les navires de commerce des belligérants ont le droit de pénétrer dans les ports et rades neutres, d'y séjourner aussi longtemps qu'ils le désirent, d'y faire les réparations utiles, de s'y fournir de toutes choses d'approvisionnement ou d'armement, de déposer à terre leurs équipages. Mais ils ne doivent sous aucun prétexte prendre part aux hostilités. La puissance riveraine neutre a le droit de donner à ce sujet des instructions formelles aux capitaines ou patrons. Ceux-ci pourraient en effet, poussés par un sentiment de patriotisme ou seulement de lucre, servir d'intermédiaires entre les belligérants, leur fournir soit des armes, soit des indications sur les opérations de leurs adverraires. Aussi l'Etat neutre doit-il se considérer comme garant des agissements des navires de commerce à l'égard des belligérants. Le fait de tolérer des actes de cette nature serait considéré comme une offense grave par la puissance lésée, car il y aurait là une violation de la neutralité. Dans le cas où un navire de commerce mouillé dans un port aurait fourni à un belligérant des renseignements ou lui aurait fait des signaux, les autorités riveraines devraient l'expulser du port et même frapper les officiers et les hommes de l'équipage de peines correctionnelles, et cela sans avoir recours au consul de leur pavillon.

Il est souvent arrivé que des navires de guerre ancrés dans les ports neutres se fissent ravitailler par des navires de commerce. C'est ainsi que le capitaine Semmes renouvela les provisions de l'*Alabama* avec le secours du *Bahama* et de l'*Agrippine*, alors qu'il était mouillé dans une anse de l'île de Terceira.

Parfois aussi les flottes chargées de bloquer dans des ports neutres les navires belligérants qui s'y sont réfugiés, sont tenues au courant des opérations de ceux-ci par les signaux des navires de commerce de leur nationalité ancrés dans ces ports. Les Etats neutres ont le devoir d'empêcher de pareils faits ; ils ne doivent reculer devant aucune mesure pour conserver intacte leur neutralité.

C. — CORSAIRES, PRISES

Les difficultés les plus graves peuvent s'élever au sujet des prises introduites dans les ports neutres par les navires ennemis. Il semble bien que le fait de la part d'un neutre d'autoriser leur entrée constitue un manquement à l'impartialité et cependant, en l'absence de dispositions spéciales contenues dans les traités, il est admis que chaque puissance neutre est libre d'ouvrir ou de fermer ses ports aux prises faites par les belligérants. Mais si le neutre refuse l'entrée aux prises de l'un des belligérants, il est de son devoir de la refuser à celles de son adversaire.

Au XVIIIᵉ siècle, les Gouvernements délivraient des lettres de marque aux corsaires, mais ceux-ci commirent de tels excès qu'ils soulevèrent contre eux l'indignation publique. Les corsaires d'alors n'étaient que des *pirates patentés*, désignés sous le nom de gueux de mer, flibustiers, boucaniers. Leurs procédés ne prouvent toutefois aucunement que l'institution fût mauvaise, et de nos jours un courant d'opinion très prononcé se manifeste pour le rétablissement de la course, supprimée par la déclaration de Paris du 16 avril 1856 (1).

Les ports et rades neutres sont interdits par la majeure partie des Etats aux navires de guerre et aux corsaires accompagnés de leurs prises. Cette prohibition se trouve insérée dans les déclarations de neutralité.

En 1794, un traité passé entre la Grande-Bretagne et les Etats-Unis portait dans un article 24 : Ni abri, ni refuge ne sera accordé dans leurs ports à ceux qui auront fait une capture sur les sujets ou citoyens de l'une ou de l'autre des deux parties. Mais s'ils sont forcés par le temps ou par les dangers de la mer d'entrer dans leurs ports, on aura soin d'accélérer leur départ et de les faire retirer au plus tôt.

Les déclarations de la Suède, du Danemark, de l'Espagne, du Brésil en 1854 ; celles de la France, de la Grande-Bretagne et de l'Espagne pendant la guerre de sécession ; pendant la guerre franco–allemande, celles de la Grande-Bretagne, des Pays-Bas, de l'Espagne comportent cette prohibition. Le Chili et le Pérou allèrent même plus loin et interdirent

_____

(1) Beaucoup d'auteurs regrettent l'abolition de la course, utile à beaucoup d'Etats et en particulier à la France. Ils espèrent que la constitution d'une flotte volontaire comme celle dont la Prusse a tenté l'essai en 1870 sera la course de l'avenir avec une réglementation qui empêchera les crimes des anciens corsaires. (G. Bry, Ouvrage cité, p. 432.)

l'accès de la mer côtière aux navires des belligérants accompagnés de leurs prises. Par la déclaration du 7 mai 1877 à l'occasion de la guerre russo-turque, la France ouvrait ses ports aux prises de l'ennemi, mais pour un délai de vingt-quatre heures, sauf le cas de relâche forcée. L'Angleterre, dans ses instructions du 30 avril 1877 interdisait formellement l'accès des eaux britanniques.

Est-ce à dire toutefois que le neutre violerait sa neutralité en autorisant l'entrée des prises dans ses ports ? Nous ne le croyons pas, le fait de naviguer avec une prise ne constituant en aucune manière un acte de guerre, et c'est pour cela que beaucoup de déclarations de 1870 usèrent de leurs droits quand elles ouvrirent l'accès des ports neutres aux prises naviguant avec un équipage de prise alors qu'elles l'interdisaient aux prises accompagnées.

A ce sujet, Perels cite le trait suivant (1) : En janvier 1871, le croiseur allemand l'*Augusta* vint, avec la prise française le *Saint-Marc*, à Plymouth pour s'abriter contre le mauvais temps : l'amiral anglais lui ordonna de quitter le port dans les vingt-quatre heures ; il fut usé du même procédé à l'égard de l'*Augusta* et de sa prise dans les ports de Hollande. Au contraire le *Saint-Marc* naviguant seul put, le 16 janvier, entrer à Hindola, port de Norwège, et il resta dans ce mouillage jusqu'à la fin de mars.

Ortolan s'exprime ainsi sur ce sujet (2) : « Un Etat neutre

---

(1) Perels, ouvrage cité, p. 252.
(2) Ortolan, *Diplomatie de la mer*, p. 260.

n'ayant pas le droit de s'ingérer dans les résultats des actes exercés par un belligérant en conformité des lois de la guerre, du moment que le capteur a hissé le pavillon de l'Etat auquel il appartient à bord de la prise qu'il a faite, cette prise doit être considérée, provisoirement du moins, comme propriété de cet Etat ou de ses sujets ; et à ce titre on est fondé à réclamer pour elle l'hospitalité dans les ports amis. »

Cependant il ne faut pas perdre de vue que chaque Etat ayant la propriété et la police de ses ports, est libre, en principe, d'en ouvrir ou d'en fermer l'entrée, selon qu'il le juge convenable aux intérêts ou à la sécurité du pays, et que les belligérants ne peuvent par conséquent en réclamer l'entrée pour leurs navires ni pour les prises qu'ils ont faites comme un droit qui leur appartiendrait. L'usage constant des nations est de considérer ce point comme dépendant de la souveraineté territoriale ; et, comme l'admission des prises peut être une cause plus fréquente d'embarras ou de troubles, comme elle met le neutre plus directement en contact avec les conséquences de la guerre, on conçoit qu'il use plus largement, à cet égard, du droit qu'il a de refuser cette admission.

Il convient de signaler ici les dispositions spéciales relatives au canal de Suez, insérées dans la déclaration du 28 octobre 1888. Il est dit dans l'art. 6 que les prises jouissent du même régime que les navires de guerre : la conséquence est que la traversée du canal leur est permise. Cette disposition spéciale dérive de la nature même du canal, œuvre internationale dont toutes les puissances peuvent profiter.

On a constaté que la règle qui interdit l'entrée des ports et rades neutres aux corsaires et à leurs prises, bien loin d'empêcher la capture des navires de commerce ennemis, n'a fait que rendre la course plus inique que par le passé.

. On conçoit, en effet, que des bâtiments éloignés de leurs ports d'origine, abandonnés parfois à des milliers de lieues de leurs côtes, sans communications possibles avec d'autres navires de leur nationalité, soient tentés, quand ils ont fait des prises, de les exterminer en les incendiant ou en les coulant bas. Si la capture est de peu d'importance, le commandant du navire capteur pourra toujours prélever sur son équipage le nombre d'hommes nécessaire pour amariner la prise, mais si la capture se compose, par exemple, de plusieurs navires, il n'en sera plus ainsi et on devra recourir aux mesures plus radicales. C'est ainsi que, pendant la guerre de sécession, les navires confédérés voyant leurs ports bloqués et les ports neutres interdits aux prises, exterminèrent par le feu tous les bâtiments qu'ils avaient capturés (1).

---

(1) « La proclamation du 1er juin 1861 et l'ordre du 31 janvier 1862 sont loin d'être conformes au traité de 1794. La première exclut les prises de tous les ports et rades soumis à la Grande-Bretagne. La France a, il est vrai, pris une décision semblable... Au reste, cette mesure a déjà produit des effets dont il ne faudrait pas trop se louer. Arrivés dans les mers d'Europe, les croiseurs américains du Sud étaient dans l'impossibilité d'envoyer les prises qu'ils avaient faites dans leur pays au delà de l'Atlantique, les ports européens leur étaient fermés : ils les ont brûlées ou coulées. Cette conduite a été vivement blâmée ; mais elle est la conséquence inévitable de la détermination prise par la France et par l'Angleterre. Elle a prouvé une fois de plus qu'il est beaucoup plus conforme aux lois de l'humanité d'accorder l'asile dans les ports neutres aux belligérants et à leurs prises que de leur refuser cette faveur. » (Hautefeuille, *Droit maritime international*, p. 208)

Etant donnés ces inconvénients graves, il serait préférable que les neutres admissent toujours dans leurs ports les prises naviguant isolément, quitte à exercer sur elles une surveillance étroite.

Le neutre n'est pas compétent pour apprécier la régularité de la prise. En juin 1863, le capitaine Semmes, commandant l'*Alabama*, avait capturé un bateau américain, le *Conrad*, et après lui avoir donné le nom de *Tuscaloosa*, en avait fait un transport en mettant à son bord quelques hommes d'équipage, deux canons et un officier de l'*Alabama* qu'il pourvut d'une commission régulière. La *Tuscaloosa* suivit l'*Alabama* dans le port du Cap ; mais, à peine ces deux navires avaient-ils pris leur mouillage que le consul nord-américain émettait la prétention que la *Tuscaloosa* fût saisie en qualité de prise puisqu'elle avait encore à son bord sa cargaison primitive et qu'elle n'avait été attribuée au capteur par aucun tribunal compétent. Le capitaine Semmes répondit à cela que l'autorité locale n'avait pas à se préoccuper de la régularité de la prise, qu'elle avait à juger seulement si, lui, commandant de l'*Alabama*, il avait investi le capitaine de la *Tuscaloosa* d'une commission en règle. L'affaire amena des contestations : le duc de Newcastle soutenait que la prise gardait toujours son caractère primitif jusqu'au jour où un jugement régulier la condamnait. En définitive la *Tuscaloosa* fut relâchée. La solution, à notre avis, n'était pourtant pas douteuse ; l'opinion du duc de Newcastle doit être repoussée comme étant en contradiction formelle avec les principes du droit international. Par le seul fait que le capitaine Semmes avait pourvu sa prise d'un équipage régulier ayant à sa tête un officier doté des pleins pouvoirs du commandement, le *Conrad* avait perdu aux yeux des neutres sa qualité de navire américain, il n'était plus désormais que la *Tuscaloosa*, portant le même pavillon que l'*Alabama* et comme tel ayant droit à l'asile,

D. — RAVITAILLEMENT. RÉPARATIONS

Le développement énorme des marines de guerre a donné à la question du ravitaillement des flottes une importance considérable. Le temps est loin où les puissances n'avaient presqu'uniquement à leur disposition que des navires à voiles. A cette époque les voiliers bon marcheurs n'avaient rien à redouter pourvu que leurs cales fussent abondamment pourvues de vivres, et d'ailleurs ces vivres eux-mêmes pouvaient être renouvelés dans les ports neutres. Il n'en est plus de même aujourd'hui : un navire de guerre, si bien construit soit-il, quelle que soit l'importance de ses approvisionnements de vivres, est rapidement réduit à l'impuissance si les soutes ne contiennent plus de charbon; il lui faudra gagner la côte la plus proche pour s'y ravitailler, car il ne peut le faire en pleine mer. Or cette faculté est la plupart du temps accordée par les Etats neutres aux belligérants (le charbon n'est toutefois fourni que jusqu'à concurrence d'une certaine quantité), mais il n'y a pas là pour eux une obligation; les puissances neutres peuvent fort bien refuser le charbon. C'est ce qui arriva durant la guerre franco-chinoise : les autorités anglaises s'opposèrent toujours au ravitaillement de nos vaisseaux dans leurs ports, ce qui occasionna à la France des dépenses considérables.

Il est probable que les déclarations de neutralité tendront de plus en plus à refuser l'entrée des ports aux navires de guerre, sauf dans les cas d'extrême nécessité et pour des motifs d'humanité, ce qui pourrait autoriser un ravitaillement en vivres mais non en charbon. Il faut décider toutefois que, en l'absence de clause contraire stipulée dans les déclarations, l'entrée des ports et rades neutres est librement ouverte aux navires belligérants à condition qu'ils n'y accompliront aucun acte de guerre ou même préparatoire d'hostilités.

« S'il n'y a pas de défense, dit Bonfils, les navires peuvent demander l'hospitalité usuelle, acheter des provisions, des fournitures, sauf des munitions, et entreprendre les réparations nécessitées par des avaries causées soit par fortune de mer, soit des combats. »

Lors de la guerre franco-allemande, les navires français et allemands purent entrer dans tous les ports neutres, sauf ceux de l'Italie, de la Hollande, du Portugal, du Chili, du Japon et du Pérou ; mais cette faveur ne fut accordée qu'à la condition que le navire ne séjournerait pas plus de vingt-quatre heures dans le port, une fois son ravitaillement opéré.

« La façon dont se pratique l'asile est très différente. Parfois les belligérants sont traités de la même façon que s'ils étaient infectés de maladies contagieuses ;

quand la mer est devenue praticable ou qu'ils se sont
procurés les rafraîchissements nécessaires, on les force
à partir. Dans certains Etats ils sont reçus avec plus
d'indulgence ; on leur permet de communiquer avec
d'autres navires et avec la terre, mais ils sont soumis
à certaines obligations : ils ne peuvent préparer d'hostilités directes, prendre des informations, courir sus à
l'ennemi qui arrive dans le port ou le suivre pour le
poursuivre (1) ».

« L'asile dû ou plutôt fourni aux navires belligérants
est subordonné à l'abstention, de la part de ces navires,
de tout acte d'hostilité : ils peuvent prendre de l'eau,
des provisions, du charbon (le plus souvent ce n'est
que pour un temps déterminé et dans une limite fixée)
et faire les réparations indispensables, mais ils ne
peuvent embarquer des troupes, des armes ou munitions (2). »

Voici les dispositions spéciales relatives au canal
de Suez qui se trouvent contenues dans la déclaration
de Constantinople du 20 décembre 1888, dont l'art. 4
est ainsi conçu : « Les bâtiments de guerre des belligérants ne pourront, dans le canal et ses ports d'accès,
se ravitailler ou s'approvisionner que dans la limite
strictement nécessaire. »

Le transit des dits bâtiments par le canal s'effectuera
dans le plus bref délai d'après les règlements en
vigueur et sans autre arrêt que celui qui résulterait

---

(1) Azuni, liv. 2, ch. IV, p. 321.
(2) Imbart Latour. *La mer territoriale*, p. 341.

des nécessités du navire. Leur séjour à Port-Saïd et dans la rade de Suez ne pourra dépasser vingt-quatre heures, sauf le cas de relâche forcée. En pareil cas, ils seront tenus de partir le plus tôt possible (1).

On comprend toute l'importance d'un semblable règlement dans ce canal si fréquenté où tant d'intérêts se trouvent engagés.

— Quant aux réparations, la plupart des auteurs sont d'accord pour reconnaître qu'il est permis de les faire quand elles sont indispensables. Rien n'est, à notre avis, si délicat à régler que cette question de réparations. Il sera la plupart du temps bien difficile d'apprécier leur urgence ; les avaries ne sont pas toujours visibles de l'extérieur ; faudra-t-il donc que l'autorité neutre pénètre dans les cales pour se rendre compte de leur nature ? Le neutre se trouvera souvent obligé de prêter ses bassins de radoub, ses cales sèches à l'un des belligérants ; l'adversaire ne pourra-t-il pas considérer cette faveur comme un manquement à l'impartialité ? En vain le neutre allèguera-t-il son désir de maintenir la balance égale entre les deux ennemis, il n'en est pas moins vrai que, grâce à son secours, un des belligérants aura pu remettre en état son matériel de guerre. Ne serait-il pas plus équitable de défendre au neutre tout acte susceptible de favoriser même indirectement un des adversaires ? On déciderait par exemple que l'entrée des ports serait ouverte

---

(1) Livre Jaune. « Documents diplomatiques. Convention internationale pour le libre usage du canal de Suez. »

aux navires belligérants pour y faire les réparations urgentes, avec *leurs ressources propres*, mais l'accès des docks leur serait interdit. Le neutre se mettrait ainsi à l'abri de toute critique.

Malgré les solutions consacrées par la pratique, nous considérons que les nations neutres doivent agir avec la plus grande prudence et même refuser aux commandants des navires en guerre le droit de se réparer s'il n'y a pas danger très imminent.

Quoi qu'il en soit, la majeure partie des déclarations de neutralité ont nettement autorisé les navires belligérants à se réparer. C'est ainsi que, en 1870, l'Espagne donna ce droit aux navires français et allemands dans ses ports et rades ; l'Italie ne l'accorda que sous cette condition : le navire n'en devait pas tirer une augmentation d'aptitude aux opérations de guerre.

— Les auteurs et la pratique sont unanimes à reconnaître que les vivres ne peuvent en aucun cas être refusés à un navire de guerre (1). Il y a là une question d'humanité qui ne peut être discutée.

Toutes les déclarations de neutralité publiées à l'occasion des dernières guerres accordent aux navires belligérants la faculté de faire des vivres. Nous citons quelques-unes des règles posées par les nations neutres au

---

(1) « Le commerce des vivres et des choses nécessaires à l'approvisionnement des armées peut avoir lieu sur le territoire neutre pourvu que l'Etat qui l'autorise assure une égale situation aux deux belligérants, car la faveur faite à l'un d'eux exclusivement donnerait à la fourniture des vivres le caractère d'un subside. » (M. Bry. Ouvrage cité, p. 450).

moment de la guerre de 1870-71. L'Espagne, l'Angleterre et l'Italie accordaient les vivres indispensables ; le Japon décidait que l'eau et les vivres seraient donnés aux navires entrés dans ses ports après accident ; les Etats-Unis admirent l'achat des vivres pour ravitailler les navires de guerre et les corsaires ; le Chili prohibait simplement le ravitaillement d'objets ayant une *destination belliqueuse* (ce qui laissait le champ libre à bien des approvisionnements) ; le Portugal accordait l'eau et les vivres ; les Pays-Bas donnaient aux corsaires le droit de s'approvisionner en vivres indispensables ; quant aux navires de guerre, ils ne pouvaient prendre que le nécessaire leur permettant de gagner le port le plus proche.

Voici quelle serait, à notre avis, la règle à suivre en pareille matière : Dès son arrivée dans un port neutre, le commandant du navire de guerre serait tenu de remettre entre les mains des autorités locales un état détaillé des vivres qui lui seraient nécessaires pour son usage immédiat ; celles-ci auraient la faculté d'opérer à bord une perquisition en se faisant accompagner du consul du pavillon. La quantité de vivres accordés ne pourrait être supérieure à l'approvisionnement ordinaire complet afin d'empêcher le ravitaillement en mer d'un autre navire. La durée du séjour pour prendre des vivres ne pourrait en aucun cas être supérieure à vingt-quatre heures.

— S'il y a unanimité parmi les auteurs et dans la pratique pour reconnaître que les vivres doivent être accordés aux navires des belligérants, il est loin d'en

être ainsi pour les fournitures de combustibles. Par
« combustibles » il faut entendre toutes les matières
nécessaires à l'entretien des feux et des machines,
telles que charbons, huiles, etc. D'aucuns, s'appuyant
sur ce que, au temps de la navigation à voiles, on
permettait toujours aux navires belligérants de venir
dans les ports neutres s'approvisionner en voiles,
cordages, espars, etc., prétendent que, par analogie,
les fournitures de charbons ne devraient point être
refusées aux navires qui en font la demande. Il y a
dans cette opinion une certaine apparence de logique
qui se dissipe d'ailleurs rapidement quand on considère
les raisons politiques et économiques qui peuvent
aujourd'hui s'opposer à ce qu'un Etat fournisse du
charbon aux belligérants. Il n'y a guère de compa-
raison à établir entre les besoins d'un voilier et ceux
d'un cuirassé moderne.

Quoi qu'il en soit, la règle la plus généralement
admise autorise les fournitures de combustible aux
bâtiments de guerre ; on peut la résumer ainsi : Le combustible (charbons et huiles) pourra être accordé aux
vaisseaux de guerre et aux corsaires qni en feront
la demande aux autorités du port, à la condition
que leur provision sera totalement épuisée ; les dites
autorités devront veiller à ce que les navires ne
fassent pas le plein de leurs soutes et même qu'ils ne
prennent que ce qui leur est utile pour gagner le
port le plus proche. Aucune fourniture analogue ne
devra leur être faite dans un autre port du même pays
s'il ne s'est pas écoulé trois mois depuis la précé-

dente livraison. C'est la disposition contenue dans l'ordre anglais du 31 janvier 1862 : « Les vaisseaux de guerre et les corsaires belligérants ne pourront prendre dans les ports anglais que la quantité de charbon indispensable pour retourner dans le port le plus proche de leur pays ; et, à moins de permission spéciale, il leur est défendu de venir s'approvisionner de nouveau de charbon dans le même lieu avant l'expiration d'un délai de trois mois. »

Bien que cette règle soit assez généralement adoptée, il n'en est pas moins vrai que son application aboutira parfois à des résultats choquants : En supposant, par exemple, qu'une escadre soit obligée de maintenir longtemps un blocus effectif, est-il admissible qu'elle soit autorisée à se ravitailler en charbon dans un port de l'Etat neutre qui donne asile à l'escadre bloquée ? N'y aurait-il pas là, de la part de ce dernier, un manquement à ses devoirs d'humanité ?

Examinons maintenant quels devoirs incombent à l'Etat neutre qui autorise le ravitaillement en combustible dans ses ports. Il est souvent arrivé qu'un navire des belligérants, malgré la licence donnée par les autorités du port, ne put se faire délivrer la quantité de charbon qui lui était nécessaire à cause du mauvais vouloir des fournisseurs amis de son adversaire ou encouragés par le consul de la nation ennemie. Parfois même ce consul était le seul fournisseur de charbon de la place, et refusait catégoriquement (ce qui était son droit) toute livraison de combustible. Que doit faire en pareil cas l'autorité

locale ? Certains auteurs prétendent que le seul moyen
d'éviter toutes difficultés serait de faire effectuer les
fournitures par les magasins de l'Etat ; on rembourse-
rait ensuite les matières cédées au moyen de rever-
sement en nature fait à ces magasins par le fournisseur des navires ou bien en valeur au moyen
d'une traite et d'après le cours moyen du marché si
le navire avait rencontré un mauvais vouloir évident
parmi les négociants du port. Nous croyons que
l'Etat qui agirait ainsi manquerait aux règles les
plus élémentaires de l'impartialité ; et même, en
admettant qu'il traitât de la même manière les deux
belligérants, sa position de neutre seule lui interdirait
d'user de semblables procédés (1).

Le capitaine Semmes raconte que dans ses croisières, ayant mouillé devant Gibraltar, les négociants
de la place, influencés par le consul·nord-américain,
refusèrent de lui fournir le combustible qui lui était
nécessaire ; alors il s'adressa au gouverneur, mais
celui-ci, après en avoir référé à Londres, refusa de lui
ouvrir les magasins à charbon de l'arsenal.

Nous donnons ici quelques-unes des solutions admises
à ce sujet par les déclarations de neutralité qui furent
rédigées à l'occasion de la guerre franco-allemande.
Les Pays-Bas autorisaient les croiseurs à prendre du

---

(1) « L'État neutre ne pourrait expédier lui-même une
provision de charbon à une flotte de guerre. » (M. Bry,
ouvrage cité p. 450). Il nous semble bien que le fait de
la part d'un Etat d'ouvrir ses arsenaux à des navires
belligérants constituerait à plus forte raison un manquement à l'impartialité.

combustible pour une journée et les navires de guerre
pouvaient s'en approvisionner en quantité suffisante
pour gagner le port le plus rapproché de leur pays.
L'Angleterre autorisait la délivrance du charbon nécessaire pour gagner le port le plus proche ; la provision
ne pouvait être renouvelée qu'après un délai de trois
mois. Le Japon n'édictait à ce point de vue aucune réglementation spéciale ; les navires pouvaient donc se ravitailler à leur guise. L'Italie autorisait la délivrance de
la quantité de charbon nécessaire pour gagner le port
national le plus proche, mais ce combustible ne pouvait
être embarqué que vingt-quatre heures après l'arrivée
du navire dans ses ports.

— On reconnaît généralement que, à moins de dispositions contraires insérées dans les déclarations de neutralité, les belligérants peuvent se procurer dans les ports
et rades neutres tous les approvisionnements nécessaires
au service intérieur du bord, tels que : huiles pour
l'éclairage, bougies, ancres, cordages, toiles, clous, pein-
tures, etc. Toutes ces matières n'ont pas en effet une
destination exclusivement militaire et leur achat ne
constitue pas une opération de guerre. Les déclarations
de neutralité sont d'ailleurs muettes à ce sujet ou n'em-
ploient que des mots vagues qui laissent le champ libre
aux belligérants : l'Italie autorise le ravitaillement dans
la mesure nécessaire pour la sûreté de la navigation ;
l'Espagne défend le ravitaillement en armes et en munitions, mais permet l'achat de fournitures indispensables ;
les Pays-Bas interdisent les livraisons d'armes et de munitions ; seule, peut-être, l'Angleterre se montre catégorique et n'autorise que les fournitures de vivres.

11

E. — Prisonniers et Blessés

Il peut arriver qu'un navire de guerre soit obligé de débarquer ses prisonniers dans un port neutre, mais il doit en demander l'autorisation ; celle-ci d'ailleurs ne pourra jamais être refusée et cela pour un motif d'humanité. Remarquons toutefois que ces prisonniers, par le fait même de leur débarquement, deviennent libres et passent sous la sauvegarde des autorités locales ; mais on leur fait ordinairement prendre l'engagement d'honneur de ne plus servir pendant la durée de la guerre.

Quant aux blessés, les belligérants seront toujours autorisés à les évacuer sur les hôpitaux d'un port neutre à condition qu'ils donneront leur parole de ne plus reprendre les armes pour le reste de la campagne. L'Etat neutre sera garant de cet engagement.

CHAPITRE V

Garanties prises par les neutres contre les entreprises des belligérants admis à pénétrer dans les eaux territoriales. Garanties en faveur des neutres.

(Règle des 24 heures)

« Il appartient à l'autorité qui commande dans les lieux neutres où des forces navales belligérantes ont été reçues, de prendre les mesures nécessaires pour prévenir toute atteinte aux droits de la neutralité (1) ». Nous avons eu précédemment l'occasion de parler de certaines précautions que les neutres doivent prendre pour empêcher les violations dans leurs ports et rades. C'est ainsi que les autorités d'un port devront, par tous les moyens en leur pouvoir, interdire les actes d'hostilité et même les actes préparatoires d'hostilité ; elles devront veiller que le consul de la nation ennemie d'un belligérant admis à l'asile ne s'oppose directement ou indirectement au ravitaillement de son adversaire ; elles tiendront la main à ce qu'aucun renseignement ne soit fourni à un navire de guerre par un de ses nationaux ou par qui que ce soit.

Si, alors qu'un navire belligérant est ancré dans un port ou mouillé sur rade neutre, un bâtiment du

_____

(1) Ortolan, t. II, p. 248.

parti adverse se présentait avec des intentions hostiles, les autorités locales auraient le devoir d'ordonner à ce dernier de se retirer au delà des limites des eaux territoriales, à six milles au moins des côtes, ou bien de l'autoriser à entrer dans le port ou la rade mais sous la promesse (parole d'honneur du commandant) de ne troubler en rien la tranquillité du port et de ne prendre la mer que vingt-quatre heures au moins après la sortie de son adversaire.

Les belligérants, dit Nüger (1), ne peuvent faire des eaux du neutre la base de leurs opérations. Une des mesures prises dans ce but est la règle d'après laquelle on n'autorise pas la poursuite immédiate d'un navire de guerre ou de commerce lorsqu'il quitte le port neutre, parce que cette poursuite impliquerait le commencement d'un acte d'hostilité dans les eaux neutres. Ce n'est qu'après un délai de vingt-quatre heures après le départ du premier belligérant que l'on permet à son adversaire de prendre la mer. C'est là une règle sanctionnée par la coutume et aussi, en général, par les règlements en vigueur chez les différents peuples ; c'est pourquoi on peut décider qu'elle doit être observée par les États neutres qui sont tenus de la faire respecter. »

On peut poser en règle générale que la mer territoriale et les ports ou rades neutres ne peuvent en aucun cas devenir des théâtres d'hostilités ; les belligérants qui s'y rencontrent perdent les uns à l'égard

(1) Nüger, ouvrage cité, p. 384.

des autres leur situation d'adversaires, ils doivent
respecter l'asile qui leur est accordé sur la propriété
d'autrui.

Le neutre aurait intérêt à communiquer aux navires
de guerre qui demandent l'entrée une copie de sa
déclaration de neutralité ; des ancrages assez éloignés
les uns des autres devront être assignés aux adversaires, et les commandants devront s'engager à consi-
gner à bord leurs équipages ou à prendre des dispositions spéciales afin [d'éviter des surprises ou des
rixes à terre.

On trouve dans Azuni le récit fameux de l'affaire
de la *Modeste* (1) : Le navire français la *Modeste* se
trouvait, en juin 1794, mouillé dans le port de Gênes,
lorsqu'un vaisseau anglais vint se placer à côté de
lui. Quelques heures après, l'équipage anglais se pré-
cipitait sur le pont de la *Modeste*, massacrait et
jetait à l'eau les marins français. Des faits de ce genre
sont heureusement fort rares. L'affaire de la *Modeste*
restera comme une tache dans les annales de la
marine anglaise. « Les Anglais, dit le chevalier
d'Abren, sont les seuls qui se soient livrés à des
attentats de ce genre, sans respect aucun du droit, et
qui, contre toute raison, se soient emparés de vaisseaux de leurs ennemis à la vue même et sous les
canons des ports neutres. »

Afin de prévenir toute atteinte aux droits de la
neutralité, il est une mesure qui consiste à empêcher

_____

(1) Azuni, t. II, ch. V. § 1. Voir aussi d'Abren, *Tractato de las
presas maritimas*, part. 1, ch. V, parag. 16.

la sortie simultanée des navires appartenant à des
puissances ennemies. Dans la règle sanctionnée par la
coutume, par les ordonnances particulières de diverses
puissances, par les clauses des traités avec les puissances barbaresques, un intervalle d'au moins vingt-
quatre heures doit être mis entre les appareillages
de ces navires. Dans les dernières guerres maritimes
cette règle a presque toujours été appliquée.

Non seulement la sortie simultanée des navires
ennemis est interdite, mais encore leur rencontre dans
les parages avoisinants, parce que, dit Perels « la
poursuite qui s'ensuivrait impliquerait le commencement de l'acte d'hostilité sur le territoire neutre ».

Cette mesure est généralement connue sous le nom de
règle des vingt-quatre heures. Voici en quoi elle consiste : Il est permis à tout navire de guerre d'un
belligérant de quitter le mouillage qu'il occupe dans
un port ou une rade neutre pourvu qu'aucun bâtiment ennemi de guerre ou de commerce ne soit
signalé en vue des côtes ; dans ce dernier cas, le
neutre aurait le devoir d'empêcher son départ (1). De

---

(1) V. Règlements relatifs à la navigation et au commerce,
adoptés par les Etats neutres d'Italie pendant la guerre de 1778
(dans Lampredi). L'art. 3 de ces règlements dit : « Aucun vaisseau des nations en guerre qui serait à l'ancre dans les ports de
Livourne, de Porto-Ferrajo, ou tout autre de la Toscane, ne
pourra sortir lorsqu'il y aura des bâtiments signalés au fanal ou
qui, sans être signalés, seraient aperçus à la vue ; et, si les vaisseaux des nations en guerre étaient déjà à la voile et que l'on fît
des signaux au fanal ou que l'on aperçût des bâtiments à la mer
avant qu'ils soient entièrement sortis du port, on les rappellera

plus, si deux navires ennemis sont mouillés ensemble, sur rade ou en port neutre, les autorités locales doivent empêcher leur sortie simultanée et tenir la main à ce qu'un intervalle d'au moins vingt-quatre heures soit mis entre les appareillages de ces navires.

L'État neutre est ici maître absolu ; aussi sera-t-il prudent de sa part de faire partir le premier le navire qui semblera dans des conditions d'infériorité ; « on conçoit en effet que cette priorité soit d'un grand intérêt pour celui que l'infériorité de ses forces met dans la nécessité d'éviter le combat ; vingt-quatre heures d'avance, pendant lesquelles on est maître de sa manœuvre, étant un immense avantage (1) ».

Toutefois, une pratique assez générale veut que le navire entré le premier dans le port ait le droit d'en sortir le premier ; s'il laisse passer le délai de vingt-quatre heures qui lui est accordé, ce droit passe à son adversaire (2).

La règle des vingt-quatre heures ne se trouve pas énoncée de la même manière dans toutes les déclarations de neutralité. Certains Etats, considérant que cette règle est trop rigoureuse, ont essayé de conserver le principe tout en adoptant des mesures différentes. C'est ainsi que l'ordonnance autrichienne de 1803 déclare que les commandants des navires de guerre

---

d'un coup de canon, et ils seront obligés de rentrer et de mouiller jusqu'à ce que les bâtiments signalés soient entrés ou hors de vue.

(1) Ortolan. *Diplomatie de la mer*, t. II, p. 255.
(2) Ortolan. *Diplomatie de la mer*, t. II, p. 249.

devront donner au capitaine de port leur parole d'honneur de ne pas poursuivre ou attaquer en mer les bâtiments ennemis avant l'expiration d'un délai de vingt-quatre heures.

Hautefeuille se montre partisan de ce système ; il en fait l'éloge dans le passage suivant : « Le commandant qui a donné sa parole d'honneur s'est engagé à respecter tous les navires qui, sans cet avantage, auraient pu s'écarter de sa route ; cette parole est exigée à chaque sortie du commandant d'un navire isolé et une seule fois pendant la campagne, pour un chef d'escadre. Cette mesure de la parole d'honneur est préférable à l'application rigoureuse de la règle des vingt-quatre heures ; l'officier est plus lié par sa parole que par tout traité et ne la violera même pas s'il est sûr de ne pas être blâmé par son gouvernement ; mais il importe d'en préciser l'étendue, les règlements n'étant pas suffisamment explicites ».

Mais Hautefeuille ne se borne pas à apprécier le système autrichien, il veut le développer et c'est aux dépens de la clarté et surtout de l'exactitude. Cet auteur prétend que cette faculté d'attendre en mer l'expiration du délai de vingt-quatre heures met souvent le commandant d'un navire au courant de la route prise par son adversaire, ce qui ne fût pas arrivé s'il était resté dans le port ; il en déduit cette conséquence que ce commandant est engagé à respecter *jusqu'à la relâche prochaine* les navires sortis avant le sien (1). Ces déductions sont inadmissibles :

---

(1) Hautefeuille. *Histoire*, p. 424. *Droits et Devoirs.* T. II, page 123.

le neutre n'a pas à se préoccuper de ce qui se passera en dehors de sa mer territoriale ; le commandant a donné sa parole d'honneur d'attendre vingt-quatre heures, il n'a pas d'autre obligation que de tenir son engagement.

On peut rapprocher du règlement autrichien l'art. 3 § 4 de la déclaration portugaise de 1870 ; mais, d'après celle-ci, les autorités locales sont libres d'agir à leur guise : « Les bâtiments de guerre des belligérants ne peuvent quitter le port avant que vingt-quatre heures se soient écoulées depuis le départ d'un navire appartenant à une nation avec laquelle ils se trouvent en guerre, à moins qu'ils n'aient été dispensés de l'observation de ce délai par les autorités compétentes en fournissant les garanties suffisantes pour assurer qu'ils n'entreprendront aucun acte d'hostilité contre le navire ennemi. »

Mais que faudra-t-il décider dans le cas où plusieurs navires ennemis, mouillés dans le même port, demanderaient aux autorités le droit d'appareiller ? La réponse n'offre point de difficultés : l'autorité locale devra assigner à *chaque pavillon* et non à chaque bâtiment un tour de sortie à intervalles de vingt-quatre heures (1).

_____

(1) Voir dans ce sens : Déclaration de 1870 des Etats-Unis. « Aucun navire public ou corsaire de l'un ou l'autre des belligérants ne sera retenu plus de vingt-quatre heures dans un port, une rade ou dans les eaux littorales des Etats-Unis pour cette raison qu'il y aurait plusieurs appareillages successifs de plusieurs navires de l'adversaire en dehors du mouillage. Mais, s'il se trouve plusieurs navires de l'un ou

C'est donc bien inutilement que Godey s'exprime de la manière suivante : « On peut se demander si le navire de guerre entré dans un port neutre où sont déjà mouillés une vingtaine de navires de son adversaire, devra attendre, pour trouver son tour de départ et partir, que vingt fois vingt-quatre heures se soient écoulées (1) ».

La déclaration de neutralité japonaise de 1870 donna lieu à un incident singulier, rapporté par Perels : Cette déclaration décidait que si deux navires ennemis étaient entrés dans le même port, le premier qui lèverait l'ancre et appareillerait forcerait son adversaire à retarder de vingt-quatre heures son départ. Or, il arriva que le navire de commerce allemand le *Rhin* et le vapeur français *Linois* se trouvèrent mouillés ensemble dans le port de Yokohama. Le matin du 8 octobre, le *Rhin* faisait des manœuvres de départ ; ce que voyant, le *Linois* quitta le port et gagna rapidement la haute mer. Le *Rhin* se vit ainsi forcé de prolonger de vingt-quatre heures son séjour. Le gouvernement allemand eut beau protester par la voix de son chargé d'affaires ; le principe était posé, le *Linois* avait usé de son droit. — Il est toutefois permis de reconnaître que les termes de la déclaration japonaise étaient défectueux et propres à soulever de nombreux conflits.

l'autre belligérant dans le même mouillage, l'ordre de leur départ respectif sera réglé de telle façon que les navires belligérants auront la facilité de partir à tour de rôle et qu'ils seront retenus le moins longtemps possible... »

(1). Godey. Ouvrage cité. p. 147.

Quoi qu'il en soit, le neutre a le devoir de faire
scrupuleusement observer par les belligérants les
termes de sa déclaration, son pouvoir est absolu et
sa responsabilité d'autant plus grande que son impartialité doit-être complète ; s'il laisse violer sa neutralité, il s'expose à de graves difficultés.

CONCLUSION

Nous nous sommes efforcé dans le cours de cette étude de tracer les droits et les devoirs que l'Etat riverain possède sur ses eaux en temps de paix; nous avons examiné les modifications apportées par l'état de guerre. Il ne nous reste plus qu'à résumer la conclusion qui découle de ce travail.

La science internationale accroît de jour en jour son domaine grâce à la fréquence des congrès internationaux, à la facilité et à la rapidité des voyages. Malgré cela, les règles du droit maritime ne sont pas encore assez solidement établies, de sorte que chaque Etat, au lieu de s'appuyer sur des bases solides, se laisse entraîner la plupart du temps à servir ses propres intérêts au détriment des intérêts généraux de l'humanité.

On peut d'ailleurs se demander si un essai d'unification des règlements du droit maritime international pourrait jamais aboutir, en présence de la diversité des races, des civilisations, des religions. Sans doute, les vieilles nations européennes pourraient, en faisant abstraction des sentiments égoïstes, arriver à une législation uniforme ; mais on ne pourrait compter encore sur l'adhésion d'une infinité d'Etats qui se mettent volontairement en dehors des relations commerciales.

La deuxième partie de ce siècle a vu cependant quelques progrès dans ce sens. C'est ainsi que la Turquie, par le traité de Paris, du 30 mars 1856, a été admise dans le concert international ; la Chine et le Japon ont ouvert leurs ports aux autres Etats, en acceptant les grands principes de droit international public qu'ils avaient méconnus jusqu'alors. Depuis quelques années des peuplades sauvages se sont révélées tout à coup aux clartés de la civilisation et ont conclu des traités d'amitié et de commerce avec les nations européennes.

L'absence d'un équilibre maritime est la principale cause du mal : il est malheureux que les peuples qui ont fait de si longues et si terribles guerres, jeté au vent tant de milliards, répandu tant de sang pour établir la prépondérance des puissances continentales, semblent avoir complètement méconnu la nécessité de cet équilibre.

L'arbitrage international a été souvent pratiqué ; bien des nations ont confié la solution de leurs conflits à des arbitres d'une haute impartialité, mais ce n'est pas dans l'arbitrage que se trouve le remède à tous les maux ; il ne s'agit pas seulement de résoudre les différends, il faut s'efforcer de les conjurer.

Les Etats civilisés devraient s'entendre pour adopter d'un commun accord des conventions internationales fixes, uniformes, constituant un véritable code, qui rendraient inutile toute réglementation nouvelle à l'occasion d'une guerre maritime. Les déclarations de neutralité pourraient ainsi être arrêtées sur les mêmes bases, et les principes directeurs étant connus de tous, la plupart des difficultés et des contestations seraient évitées.

Les ligues de neutralité armée ont été une sorte d'acheminement vers ce but. Elles consistaient en une entente entre neutres afin de protéger au besoin par la force leur indépendance contre la tyrannie des belligérants. L'histoire nous en rapporte de fameuses.

En 1669, l'Angleterre et la Hollande avaient réuni leurs forces contre la France et déclaré le blocus fictif de toutes les côtes de leur ennemie, empêchant ainsi son commerce avec la plupart des nations d'Europe. Tous les navires neutres qui faisaient route vers la France étaient arrêtés et confisqués. La Suède et le Danemark ne voulurent pas supporter cet état de choses ; elles se coalisèrent contre l'Angleterre et la Hollande afin de sauvegarder leurs intérêts économiques. Le résultat ne se fit pas attendre, les puissances anglaise et hollandaise, craignant de s'attirer de nouveaux ennemis, levèrent aussitôt le blocus qu'elles avaient décrété.

En 1692, nouvelle ligue de neutralité armée entre la Suède et le Danemark dans le but de protéger leur commerce maritime contre les entreprises des belligérants.

En 1780, lors de la guerre de l'indépendance des colonies anglaises de l'Amérique du Nord, la Grande-Bretagne prétendit mettre en pratique contre les neutres toutes les rigueurs de ce qu'elle appelait ses lois particulières. La

Russie (1), la Suède, le Danemark et la Prusse formèrent alors l'alliance connue sous le nom de *Ligue de neutralité armée*. Les quatre puissances s'engagèrent, avec leurs forces, à soutenir celle d'entre elles qui pourrait être attaquée à l'occasion de l'union. L'Angleterre protesta d'abord, puis finit par céder.

En 1800, la Russie, la Suède, le Danemark voulurent de nouveau s'élever contre les prétentions de l'Angleterre, mais la ligue ne réussit pas ; la flotte danoise fut anéantie dans le port même de Copenhague par les forces anglaises et le successeur de Paul I de Russie fit aussitôt cause commune avec l'Angleterre.

Il serait à désirer que les règles de la neutralité fussent solidement établies afin que, lorsqu'éclaterait une guerre, les forces des neutres fussent unies en un seul faisceau, assurant ainsi à tous et à chacun le respect et la sécurité qu'ils ne peuvent obtenir quand ils sont isolés.

« Nous pensons, dit M. Godey, qu'il serait urgent de réunir un Congrès pour s'entendre dès à présent sur les principes qui doivent être considérés comme bases de toute déclaration de neutralité. On exclurait ainsi toute hésitation, toute difficulté entre les neutres quand la guerre s'élèverait, modifiant toutes les conditions des alliances, toutes les probabilités du temps de paix. »

---

(1) La ligue de neutralité armée établie en 1780 sous l'inspiration de Catherine II de Russie proclamait le principe que les vaisseaux neutres peuvent naviguer librement de port en port sur les côtes des nations en guerre. (Déclaration de la Cour de Russie du 28 février 1780.)

Il serait peut-être chimérique d'escompter les résultats de la « Conférence de la Paix ». L'idée qui préside à ses séances est sans doute très louable et le but poursuivi, des plus élevés ; mais est-il possible qu'une entente universelle procède d'une assemblée dont les membres sont les représentants de ces nations qui, tous les jours, augmentent et perfectionnent leur matériel de guerre et de marine ? La guerre est de tous les temps et de tous les pays, et nous ne croyons pas qu'une pensée généreuse parvienne jamais à supprimer le mal nécessaire dont ont gémi les siècles qui nous ont précédé et dont nous souffrons encore.

Les hommes doivent rivaliser de zèle pour se procurer les avantages de la paix, mais ils ne doivent pas attendre que la guerre soit déclarée pour former la nouvelle union de tous les peuples. Le Congrès chargé de rédiger un code maritime international pourrait aussi établir les bases de la neutralité armée, permanente. Ces deux institutions se complèteraient et seraient les garants les plus énergiques de la paix. Puisse ce vœu ne pas tarder à être réalisé.

TABLE DES MATIÈRES

Marseille. — Imprimerie Marseillaise, rue Sainte, 89

www.ingramcontent.com/pod-product-compliance
Lightning Source LLC
Chambersburg PA
CBHW060549210326
41519CB00014B/3404